EL MATRIMONIO
Una decisión para toda la vida

"Por eso, el hombre dejará a su padre y a su madre para unirse a su mujer, y los dos no serán sino una sola carne" «6 De manera que ya no son dos, sino una sola carne. Que el hombre no separe lo que Dios ha unido». (Mt 19, 3-6)

"Por tanto, el *vínculo matrimonial* es establecido por Dios mismo, de modo que el matrimonio celebrado y consumado entre bautizados no puede ser disuelto jamás." (cf CICcan. 1141(CIC # 1640)

RICARDO LORA

Con la debida licencia eclesiástica de Nicolás de Jesús Cardenal López Rodríguez, Arzobispo Metropolitano de Santo Domingo, Primado de América, República Dominicana.

Title ID: 3908300
ISBN-13: 978-0615657448
ISBN-10: 0615657443

Nicolás de Jesús Cardenal López Rodríguez

Arzobispo Metropolitano de Santo Domingo
Primado de América

No. 43.071/2012   4 de junio de 2012

Señor
Ricardo Lora
Ciudad

Apreciado Ricardo:

Después de leer su libro *"El matrimonio, una decisión para toda la vida"*, el censor me ha comunicado que no hay nada en él contra la fe y por lo tanto puede exhibir la frase "Con la debida licencia eclesiástica".

Me comenta el censor que: *"No se trata de un libro teórico sobre el matrimonio y la familia sino de un libro testimonial en el que el autor nos presenta lo que ha sido su matrimonio y su familia gracias a su fe firme y sostenida en todo momento... En tiempos de tantos ataques al matrimonio y a la Institución de la familia es reconfortante leer un libro como este de un matrimonio y familia exitosa precisamente por su fidelidad a Dios".*

Le felicito por la decisión y valentía de compartir su experiencia a través de este libro. Quiera Dios que muchos tengan la oportunidad de leerlo y beneficiarse de todo su contenido y de sus oportunos consejos.

Reciba, pues, mi saludo y especial bendición para Ud. y su querida familia,

+ NICOLAS DE JESÚS CARDENAL LOPEZ RODRIGUEZ
Arzobispo Metropolitano de Santo Domingo
Primado de América

NJCLR/ap

3

DEDICATORIA

Al Señor por el regalo de mi esposa Elena, de mis hijos Manuel, Eileen, Ivette, Angie y mis nietecitas Lisette Marie, Amelia Isabel y Mariajosé quienes junto a Él , han dado sentido y belleza a mi vida terrenal.

AGRADECIMIENTOS

A Dios, en la Santísima Trinidad, por Su Amor, por Su Paciencia, por Su Misericordia, por Su Inspiración y por Su Gran Ayuda.

A la Santísima Virgen, mi Madre Celestial, por Su intersección, para que este libro fuese una realidad.

A San José, patrono de la familia, por Su intercesión y protección constante.

A Elena, mi queridísima esposa, quien es la zapata humana de nuestro hogar.

A los amigos que leyeron el borrador final, y me dieron una reacción muy estimulante para publicarlo.

A mi hija Eileen, mis gracias especiales por la lectura crítica del borrador inicial, por sus muchas y valiosas sugerencias. A ella se debe el que yo incluyese, el primer capítulo del libro: Tú como ser humano.

A Larissa, quién con mucho cariño, realizó la diagramación del libro e hizo las correcciones gramaticales necesarias.

A Lisette Marie Lora, mi primera nietecita, que a pesar de estar en período de exámenes finales, diseñó la portada y contra portada del libro.

A mis hijos y nietecitas, que con Elena y yo, formamos este hogar que es fruto de todos y cada uno de nosotros.

PRÓLOGO

"El árbol se conoce por sus frutos".

Este es un libro para mujeres y hombres, solteros y casados, cristianos y no cristianos; para leerlo solo o en pareja.

Es un libro que no sólo nos da las experiencias y pensamientos de una persona –ya que de estos existen tantos como personas en el mundo- sino que nos presenta la Verdad del Evangelio de Jesucristo desde la vivencia de la vocación de esposo, líder y padre de este hombre de Dios y los frutos –su familia- que producen una vida de entrega, sacrificio y obediencia "el árbol se conoce por sus frutos." (Mt 12:33)

Es para mí un gran honor poder plasmar los sentimientos y reacciones que este libro ha despertado en mí, no sólo por su gran contenido sino por la gran admiración que tengo por Don Ricardo y su hermosa familia.

Hace unos meses él me pidió que leyera su borrador, este es parte del mensaje que le envié al respecto:

"Hace dos días le dije que para final de la semana terminaba yo de leer su libro. Con la pena que el día de ayer me lo tuve que leer todito.
Para mí fue alentador escuchar sus experiencias y el don de sabiduría que el Señor le ha regalado.

Me parece excelente la combinación que hace con las enseñanzas de nuestra Madre Iglesia, la Sagrada Escritura, la teología del cuerpo, su vida y sus opiniones bien fundadas.

Creo que es muy fácil de leer para cualquier hombre, mujer o pareja en cualquier nivel espiritual que estos se encuentren, especialmente si están buscando el camino para vivir como el Señor nos lo pide en nuestro matrimonio y familia. También será de gran motivación para aquellos que aún no se han acercado al Señor. Es realmente muy completo. Ya ve yo no pude parar de leerlo, así que hice trampa y lo leí todito ayer (para las 2:00 PM ya había terminado).

Tanto su fe, como sus fallos y aciertos serán muy edificantes y acercarán a todo aquel que lo lea al Reino de Dios así como lo hizo conmigo.

No cabe duda que el Señor actúa siempre conforme a nuestro bien. Su libro me ha motivado a seguir en este camino de buscar santificarme dentro de mi vocación y de llevar a mi familia por el único Camino que nos llevará a la plenitud como individuos, matrimonio y familia. También me impulsa a seguir luchando por las familias para ayudar a restaurar este gran Don del Señor el Sacramento del Matrimonio".

Este libro nos muestra, a los padres y a los futuros padres, la importancia de una buena preparación para el matrimonio, comenzando con una buena formación para nuestros hijos dentro del hogar "la iglesia doméstica", en donde cada uno de ellos busque en su pareja, el ejemplo que han recibido en casa; para así poder llegar a encontrar a esa persona, que el Señor tiene preparada para nosotros desde la eternidad y no a la primera que se nos cruce en el camino, con la cual no tenemos nada en común.

Ha traído muchos recuerdos de mi noviazgo con mi esposa, ha despertado y motivado en mí el gran deseo de escribirle a ella nuevamente, ya que es algo que hacía con mucha frecuencia cuando éramos novios y que durante nuestro matrimonio rara vez lo he hecho.

Estoy seguro que cada persona que tenga la bendición de leerlo, tendrá también reacciones similares, las cuales lo impulsarán a desear un mejor matrimonio en todos sus aspectos.

Este es un libro de una persona que apostó por la Verdad y está en camino hacia su recompensa.

Este es un libro que se atreve a llamarnos la atención, de una manera singular, a seguir el plan de un Dios vivo y amoroso que sólo desea lo mejor para sus hijos; que es contrario a lo que es políticamente correcto, contrario a lo que la cultura nos dice: "vivan juntos primero, cásense después"; "el que tenga más cosas gana"; "disfrute ahora, pague después; "los niños son un estorbo para nuestras carreras", "no hay que tener" o "que los cuide la niñera" o peor aún "que los cuide la televisión'; "yo soy buena persona", "yo soy muy espiritual"; "si el vecino lo hace porque yo no"; "Dios sólo quiere oprimirnos y castigarnos"; "el matrimonio hasta que la muerte nos separe ya paso de moda, si no funciona nos divorciamos".

El libro no sólo nos enseña sino que además nos demuestra con hechos, todo lo contrario de estas afirmaciones: que siguiendo el plan de Dios llegaremos a la libertad y a la plenitud de su amor en nuestras vidas, matrimonios y familias en donde ya no tendremos una casa, sino que habremos formado un hogar, y no sólo cualquier hogar sino el Hogar de Nazaret.

Deseo algún día poder ver hacia atrás y haber cumplido mi papel, como líder de mi hogar, aunque sea la mitad de bien de lo que Don Ricardo lo ha hecho.

Le doy gracias al Señor y a la Madre por su vida, por su familia, su matrimonio y por compartir con todos tan hermoso regalo que el Señor le ha dado.

Oro para que todo aquel que lea esta obra –al igual que yo- sea inyectado con una nueva infusión del Espíritu Santo, para que motivados por Él podamos llegar a ser luz para el mundo, llevando la Buena Nueva con ejemplo de santidad.

En Jesús, María y José,

Jorge Cebreros
Matrimonios Transformados.

EL SACRAMENTO DEL MATRIMONIO

Como este libro trata del matrimonio, deseamos iniciarlo, con las informaciones que sobre él, nos da la Santa Madre Iglesia, en el Catecismo de la Iglesia Católica (CIC).

El Matrimonio es uno de los siete Sacramentos de la Iglesia, ubicados dentro de los que están dedicados, al servicio de la comunidad.

"Otros dos sacramentos, el Orden y el Matrimonio, están ordenados a la salvación de los demás. Contribuyen ciertamente a la propia salvación, pero esto lo hacen mediante el servicio que prestan a los demás. Confieren una misión particular en la Iglesia y sirven a la edificación del Pueblo de Dios."(CIC # 1534)

El Matrimonio, fue elevado por Jesús, a la dignidad de sacramento:

"La alianza matrimonial, por la que el varón y la mujer constituyen entre sí un consorcio de toda la vida, ordenado por su misma índole natural al bien de los cónyuges y a la generación y educación de la prole, fue elevada por Cristo Nuestro Señor a la dignidad de sacramento entre bautizados." (CIC # 1601)

Es recomendable, que la celebración del matrimonio se haga, dentro de la Celebración Eucarística:

"En el rito latino, la celebración del matrimonio entre dos fieles católicos tiene lugar ordinariamente dentro de la Santa Misa, en virtud del vínculo que tienen todos los sacramentos con el Misterio Pascual de Cristo (cf. SC 61). En la Eucaristía se realiza el memorial de la Nueva Alianza, en la que Cristo se unió para siempre a la Iglesia, su esposa amada por la que se entregó (cf. LG 6). Es, pues, conveniente que los esposos sellen su consentimiento en darse el uno al otro mediante la ofrenda de sus propias vidas, uniéndose a la ofrenda de Cristo por su Iglesia, hecha presente en el Sacrificio Eucarístico, y recibiendo la Eucaristía, para que, comulgando en el mismo Cuerpo y en la misma Sangre de Cristo, "formen un solo cuerpo" en Cristo (cf 1Co 10,17)." (CIC #1621)

Los dos contrayentes, de la alianza matrimonial, deben expresar, libremente el consentimiento, el cual es recibido por el sacerdote, o el diácono que asiste a la celebración.

Veamos, cómo nos lo explica el Catecismo:

"El consentimiento por el que los esposos se dan y se reciben mutuamente es sellado por el mismo Dios (cf Mc 10,9). De su alianza "nace una institución estable por ordenación divina, también ante la sociedad." (GS 48,1)

La alianza de los esposos está integrada en la alianza de Dios con los hombres:

"el auténtico amor conyugal es asumido en el amor divino." (GS 48,2) (CIC # 1639)

La unión matrimonial, es para toda la vida. Nada ni nadie, puede disolverlo jamás:

"Por tanto, el *vínculo matrimonial* es establecido por Dios mismo, de modo que el matrimonio celebrado y consumado entre bautizados no puede ser disuelto jamás. Este vínculo que resulta del acto humano libre de los esposos y de la consumación del matrimonio es una realidad ya irrevocable y da origen a una alianza garantizada por la fidelidad de Dios. La Iglesia no tiene poder para pronunciarse contra esta disposición de la sabiduría divina". (CIC# 1640)

Les sugiero leer, todo lo que nos enseña la Iglesia, sobre este Sacramento, en el Catecismo de La Iglesia Católica.

Demos gracias a Dios, nuestro Padre Celestial, por este Santo Sacramento.

INTRODUCCIÓN

Elena, mi esposa, y yo tuvimos una relación de noviazgo de 4 años y, al momento de concluir este libro, llevamos 45 años y 5 meses de casados. Además, el Señor nos regaló cinco hijos: Manuel, Jennifer, Eileen, Ivette y Angie. Y hasta ahora tres nietecitas: Lisette Marie, Amelia Isabel y Mariajosé.

A Jennifer, el Señor nos la dejó sólo por ocho meses. Es la primera de nuestra familia, en llegar al cielo.

Les puedo decir, que hemos disfrutado plenamente, el tiempo que Dios nos ha concedido juntos, tanto en el noviazgo, como en el matrimonio.

¡Cuántas bendiciones, ha derramado sobre nosotros, el Señor nuestro Dios y la Santísima Virgen María, nuestra Madre Celestial!

El matrimonio, es una experiencia agradable y reconfortante, cuando se vive con responsabilidad y se apoya en la fe.

Escuchen esto: cuando Elena y yo estamos juntos, siempre hemos dormido en la misma cama y nunca he tenido que dormir para los pies[1]. Con esto quiero

---

[1] Elena y yo somos dominicanos. En nuestro país existe la expresión: "Dormir para los pies", la cual implica que los esposos se fueron a la cama estando disgustados entre si y por tanto, la esposa, le pide al esposo que se acueste de manera tal, que su cabeza este al lado de los pies de ella y los de ella, al lado de la cabeza de él.

decirles, que nunca nos vamos a la cama estando disgustados; siempre resolvemos, cualquier situación, antes de acostarnos.

Elena y yo venimos de hogares católicos practicantes de su fe, gracias a Dios, y continuamos en nuestro matrimonio, la práctica de nuestra religión a plenitud.

¿Somos iguales? ¡Claro que no! Somos totalmente diferentes.

¿Pensamos igual? ¡Claro que no! Cada uno tiene su punto de vista y lo expresa completamente.

¿Hemos tenido diferencias? ¡Claro que si! Pero cada uno puede explicar lo que cree, de una situación específica.

¿Hemos sido felices y nos queremos todavía?
¡Cómo ustedes nunca podrán imaginarse!

Nuestro amor se ha consolidado con el tiempo y ha crecido hasta llenar, plenamente, nuestros cuerpos y nuestras mentes.
Como no iba a ser nuestro matrimonio exitoso, si desde el noviazgo, decidimos edificarlo sobre Jesús, la roca fuerte que sostiene con firmeza todo lo que se construye sobre Él y Sus enseñanzas (leer Mt 7, 21-27).

Además, hemos tenido muy presente la exhortación que nos hizo Jesús "sean santos como mi Padre celestial es Santo." (Mt 5, 48)

Es cierto que nos ocupamos, plenamente, de atender nuestras necesidades personales y familiares; eso si, sin descuidar para nada, la obtención de nuestra meta última: la salvación de nuestras almas.

Eso debemos tenerlo totalmente claro, nada debe obstaculizar la obtención de la corona, con la que nos espera El Señor, al final de nuestra vida terrena.

En este libro, quiero compartir con ustedes la experiencia de Elena y mía juntos en el noviazgo y en el matrimonio.

Trataré de ser lo más explícito posible, para que ustedes puedan captar y, si quieren, aplicar en sus propias vidas y relaciones de noviazgos y matrimonios, muchas de las cosas que nosotros utilizamos, para lograr el noviazgo y el matrimonio, que hemos podido disfrutar por tantos años.

No se si a ustedes les podría resultar como a nosotros, pero sí estoy seguro que podrían ser de gran ayuda, si las observan y practican con amor y mucha fe, luego de hacer las modificaciones y variaciones, que ustedes consideren pertinentes.

Los temas incluidos en este libro, los presentaré teniendo en cuenta esta doble dimensión:

- Como si sólo dependiesen de nuestra realidad humana, de nuestra capacidad, habilidad y conocimiento.

- Como si sólo dependiesen de Dios, de su Amor y misericordia para con nosotros.

Que nuestra razón nos ayude y que Dios nos bendiga y nos guie con Su Santo Espíritu.

Capítulo I. TÚ, COMO SER HUMANO

El ser humano, es el más inteligente de todos los seres vivientes.

Es un ser dotado de razón, que interactúa con el entorno que le rodea.

Para poder establecer una buena relación con otra persona, o con un grupo determinado: en la familia, en la escuela, en el trabajo, en la iglesia, en la sociedad en general; es necesario que exista armonía en toda nuestra persona.

Debemos querernos y aceptarnos como somos, con nuestra propia individualidad.

Estar seguros, satisfechos, y felices con nosotros mismos.

Cuando eso suceda, estaremos preparados para nuestra vida en relación, con otro y con otros.

Lo que más puede ayudar, a un ser humano, a lograr un sólido equilibrio de su personalidad, a tener una alta autoestima, es el de reconocer y aceptar, que es hijo queridísimo de Dios.

Sí, es una realidad para todos, es la fuente de nuestra máxima dignidad, como seres humanos, el saber que fuimos creados a imagen y semejanza de Dios. Tanto el hombre como la mujer.

"Dios creó al hombre a su imagen, a imagen de Dios lo creó, hombre y mujer los creó" (*Gen* 1,27). El hombre ocupa un lugar único en la creación: "está hecho a imagen de Dios" (I); en su propia naturaleza une el mundo espiritual y el mundo material (II); es creado "hombre y mujer" (III); Dios lo estableció en la amistad con él (IV). (CIC #355)

Además, lo hizo dueño de todo lo creado (Gen 1, 26), le dio la facultad de ponerle nombre a todos los animales (Gen 2, 19); y le otorgó, el gran privilegio de hacerlos colaboradores de Él, en la creación de otros seres humanos.

¡Qué distinción más grande!

Somos semejantes al creador de todas las cosas: al creador del universo y de todo lo que contiene, menos en el pecado.

Todos somos semejantes a Él, pero distintos unos de otros.

Esa es la belleza de la creación, somos diferentes a todos los demás seres humanos, somos únicos.

¡Nadie es igual que tú, ahora, ni antes, ni después!

Pero sí, ¡Somos semejantes a Dios!

Dios nos ama, a cada uno, con todo su ser. Él es Amor y no puede dejar de amarte.

"Antes de formarte en el vientre materno, yo te conocía." (Jer 1,5)

Él nos conoce porque nos amó desde toda la eternidad.

Cuando nuestro primeros padres, Adán y Eva, desobedecieron a Dios, y cayeron en pecado (Gen.3, 1- 23); fueron expulsados del jardín del Edén, las puertas del cielo fueron cerradas, para que no pudiesen comer de árbol de la vida, y tuviesen vida eterna (Gen 3, 24).

Luego, Dios Padre, envió a Su Hijo, Jesús, para que con Su sacrificio en La Cruz, se reabriesen las puertas del Cielo, y con Sus enseñanzas, pudiésemos conocer el camino que nos conduciría a la casa del Padre.

"Yo soy el pan de vida, dice Jesús, el que coma de este pan vivirá eternamente." (Jn 6, 48- 58)

Jesús es el Árbol de la Vida, para todos los seres humanos.

Así de grande es el Amor que nos tiene nuestro Padre. Sacrificó a Su Hijo único, para que a través de Él, lográsemos la vida eterna.

¡Gracias, Padre Santo, muchas gracias!

También, somos hijos de la Santísima Virgen María, nuestra Madre Celestial.

Ella nos ama y nos cuida. Intercede, ante Jesús, para que se nos conceda todo lo que nos beneficia, espiritual y materialmente.

Ella nos dice, como le dijo a Juan Diego, hoy santo, ¿por qué te preocupas, no estoy Yo aquí que Soy tu Madre?

Si nosotros creáramos, una conciencia clara, de esta realidad, de ser hijos de Dios, nada nos preocuparía, y viviríamos como nuestro Padre desea: felices, agradecidos y con la certeza de que mi Padre me quiere tal y cual soy, sin ninguna condición.

"En la Presencia de Jesús, encontramos nuestra verdadera identidad, nuestra seguridad y nuestra dignidad, porque descubrimos quienes somos: los hijos amados de Dios.

En la Eucaristía, Jesús, te entrega su corazón. Tú eres muy precioso para Él. Te ama tiernamente. Te conoce personalmente.

Él dice: "Yo los llamo amigos" (Jn15, 15).

Porque Cristo nos elige como sus amigos, estamos llamados a una mayor intimidad con Él.

La oración nos convierte en sus íntimos amigos. Por ello fija tu mirada amorosa en la Eucaristía". Beato JPII (Mensaje del Papa a los jóvenes sobre la Eucaristía).

Te sugiero que vayas a una capilla, donde este expuesto Jesús sacramentado, te arrodilles delante de Él, órale con mucha fe y dile, con todo tu corazón: Señor, concédeme la gracia de saberme hijo de Dios.

Si tu autoestima es baja, porque hay algo en tu pasado que te afecta negativamente; si te sientes culpable de algo que hiciste, o por algo que no hiciste, debes sacarlo de tu mente y tu corazón.

Aprovechas que estás con tu Padre y preséntale lo que tanto te molesta y afecta, Él te dará las gracias y las fuerzas para que puedas hacer una buena y completa confesión. Así, te librarás para siempre de eso que tanto te hacía daño.

Pero quiero enfatizarte lo siguiente: sólo cuando afiancemos, nuestra realidad, de ser únicos, irrepetibles; cuando nos aceptemos como somos, cuando estemos totalmente convencidos, de ser hijos queridos de Dios, tendremos una sólida y alta autoestima.

Entonces, estaremos preparados para relacionarnos, positivamente, con otra persona

Esa relación, será agradable, digna, respetuosa y confiada.

Además, estaremos conscientes, de que esa otra persona, es también, única, irrepetible e hija de Dios.

23

«Creando al hombre "varón y mujer", Dios da la dignidad personal de igual modo al hombre y a la mujer» (FC 22; cf. GS 49, 2). "El hombre es una persona, y esto se aplica en la misma medida, al hombre y a la mujer, porque los dos fueron creados a imagen y semejanza de un Dios personal." (MD 6) (CIC #2334)

Es importante tener presente, que el ser hijo de Dios, me concede a mí, y a los demás seres humanos, que también son hijos de Dios, una dignidad que debo proteger siempre.

Cada uno de los dos sexos es, con una dignidad igual, aunque de manera distinta, imagen del poder y de la ternura de Dios. (CIC #2335)

Todos los seres humanos, tenemos una vocación innata al amor. (CIC #2392)

Al manifestar nuestro amor, no podemos olvidar, que somos hijos de Dios. Por eso, debemos hacerlo, teniendo presente la virtud de la castidad.

La virtud de la castidad forma parte de la virtud cardinal de la *templanza*, que tiende a impregnar de racionalidad las pasiones y los apetitos de la sensibilidad humana. (CIC #341)

La castidad es una virtud moral. Es también un don de Dios, una *gracia*, un fruto del trabajo espiritual (cf *Ga* 5, 22). El Espíritu Santo concede, al que ha sido regenerado por el agua del bautismo, imitar la pureza de Cristo. (cf *1 Jn* 3, 3) (CIC# 2345)

Cada ser humano esta llamado a vivir la castidad, según su estado de vida, o la vocación a la que sea llamado por Dios: soltero, casado, sacerdote, religioso(a), célibe.

Cuando se practica la virtud de la castidad, se llega a comprender y a valorar el amor, en todas sus dimensiones.

"Solamente el hombre casto y la mujer casta, son capaces del verdadero amor" JPII.

San Pablo nos recuerda, algunas de las bondades del amor:

"4 El amor es paciente, es servicial; el amor no es envidioso, no hace alarde, no se envanece, 5 no procede con bajeza, no busca su propio interés, no se irrita, no tienen en cuenta el mal recibido, 6 no se alegra de la injusticia, sino que se regocija con la verdad.7 El amor todo lo disculpa, todo lo cree, todo lo espera, todo lo soporta" (1Cor 13, 4-7).

Tengamos presentes, estas características del verdadero amor, cuando tratemos de expresarlo a otro ser humano.

Nunca nos debemos dejar guiar, por los instintos, o los impulsos de la carne. "La carne es débil", nos dice Jesús (Mt 26, 41), al contrario, seamos dóciles a las orientaciones del Espíritu Santo, que habita en nosotros:

"19 ¿O no saben que sus cuerpos son templo del espíritu Santo, que habita en ustedes y que han recibido de Dios?" (1Cor 6, 19).

Si nuestro guia es el Espíritu Santo, podremos evitar el caer, en uno de los pecados contrarios a la castidad.

"Entre *los pecados gravemente contrarios a la castidad se deben* **citar la masturbación, la fornicación, las actividades pornográficas y las prácticas homosexuales.** (CIC #2396)

Otro pecado grave, relacionado con la vida matrimonial, es la infidelidad. Esta se refiere, particularmente al adulterio.

El *adulterio*. Esta palabra designa la infidelidad conyugal. Cuando un hombre y una mujer, de los cuales al menos uno está casado, establecen una relación sexual, aunque ocasional, cometen un adulterio. (CIC #2380)

Cristo condena incluso el deseo del adulterio:

"27 Ustedes han oído que se dijo: "No cometerás adulterio." 28 Pero yo les digo: El que mira a una mujer deseándola, ya cometió adulterio con ella en su corazón" (Mt 5, 27-28).

Otros pecados que debemos evitar son:

"La *lujuria* es un deseo o un goce desordenados del placer venéreo. El placer sexual es moralmente desordenado cuando es buscado por sí mismo, separado de las finalidades de procreación y de unión." (CIC #2351)

"La *violación* es forzar o agredir con violencia la intimidad sexual de una persona." (CIC #2356)

"La *prostitución* atenta contra la dignidad de la persona que se prostituye, puesto que queda reducida al placer venéreo que se saca de ella. El que paga peca gravemente contra sí mismo: quebranta la castidad a la que lo comprometió su bautismo y mancha su cuerpo, templo del Espíritu Santo." (*1*Cor 6, 15-20) (CIC # 2355)

"En lo profundo de ti mismo, escucha a tu conciencia, que nos llama a ser puros. Una casa no se calienta por el fuego del placer que se quema con rapidez, como un montón de hierba seca.

"Encuentros que pasan son sólo una caricatura del amor, ellos lesionan el corazón y se burlan del plan Dios" JPII.

También, podemos pecar:

Con nuestros ojos. Evitemos mirar con deseo carnal, a otros seres humanos.

Jesús nos dice:

"29 Si tu ojo derecho es para ti una ocasión de pecado, arráncalo y arrójalo lejos de ti: es preferible que se pierda uno solo de tus miembros, y no que todo tu cuerpo sea arrojado a la Gehena" (Mt 5, 29).

Con nuestra mente. Teniendo y recreando, en nuestro pensamiento, escenas y situaciones pecaminosas.

Con nuestra boca. Diciendo palabras ofensivas, juzgando la conducta de otros seres humanos, murmurando, etc.

Con nuestra manera de vestir. Al usar ropas que dejen al descubierto, gran parte de nuestro cuerpo; o al usarlas muy ajustadas al cuerpo.

"El informe del Senado de Estados Unidos da cuenta del fruto amargo nacido de la revolución sexual y de la moderna "educación" sexual que comenzó en la década de los sesenta: 600 por ciento de aumento en los embarazos de adolescentes, 300 por ciento de aumento en los suicidios de jóvenes entre los 13 y los 19 años, 232 por ciento de aumento en homicidios de jóvenes y 400,000 abortos al año, cometidos en bebés de niñas menores de 19 años.

Luego está el aumento escalofriante de divorcios, nacimientos fuera del matrimonio, familias con un solo padre, SIDA, enfermedades venéreas y una disminución de la tasa de natalidad en Estados

Unidos. De acuerdo con la información de los Centros Federales para el Registro de las Enfermedades, el 72 por ciento de los estudiantes de último año de secundaria han tenido relaciones prematrimoniales, es decir, han fornicado, y 43 millones de americanos tienen enfermedades sexuales incurables (herpes genital, etc.)". *(Resultados de la Educación Sexual Hedonista, Educación Sexual y Castidad, Padre Paul Marx, fundador de VHI, Abril 8 de 2011).*

Las palabras, dirigidas por Juan Pablo II, hoy Beato, a los jóvenes, en Lourdes, el 15 de Agosto de 1983, nos deben servir de guia, a todos los que queremos vivir el amor y la sexualidad, siguiendo los lineamientos de Dios, y de nuestra Santa Madre Iglesia Católica.

Juan Pablo II, les dijo: "Los que os hablan de un amor espontáneo y fácil os engañan. El amor según Cristo, es un camino difícil y exigente. El ser lo que Dios quiere, exige un paciente esfuerzo, una lucha contra nosotros mismos. Hay que llamar por su nombre al bien y al mal".

Y en otra ocasión agregó el Santo Padre:

"La persona, que no se decide amar para siempre, encontrará que es difícil amar de verdad por un día" JPII.

Para resistir las tentaciones, para mantenernos puros, debemos fortalecernos con: la oración constante, (el Santo Rosario, nos puede ayudar mucho); con el ayuno, y con las prácticas de los sacramentos.

La confesión y el recibir con frecuencia la sagrada Eucaristía, son de especial importancia, para lograr ese propósito.

Debemos tener siempre presente, que cada ser humano tiene su propia dignidad, y merece todo nuestro respeto y reconocimiento.

"Ser puro, permanecer puro, sólo puede venir a un precio, el precio de conocer a Dios y amarlo lo suficiente como para hacer su voluntad.
Él siempre nos dará la fuerza necesaria para mantener la pureza como algo tan hermoso para Él"
Beata Madre Teresa.

Al concluir este capítulo, te deseo recomendar, que hagas las meditaciones necesarias, para asimilar la hermosa realidad de que eres hijo(a) de Dios.

Esto es muy importante antes de iniciar una relación con otra persona, que podría ser permanente, como lo es el matrimonio, dentro de la Iglesia Católica.

Por último te hago las siguientes sugerencias:

a) Lees, todos los días, algunos pasajes de La Sagrada Biblia Católica.

b) Familiarízate, en general, con el contenido del Catecismo de la Iglesia Católica (CIC).

c) Cuando estés leyendo este libro del Matrimonio, lees también, los #s del 355 al 421, en el CIC.

d) Además, lees los siete Sacramentos de la Iglesia.

e) Visita al Señor en el Santísimo, ve a encontrarte con Jesús Eucaristía.

Que el Señor Jesús, el Espíritu Santo, y la Santísima Virgen María, te ayuden a encontrar tú verdadero yo: ¡el hijo de Dios!

Pediré al Señor, que a todos los que lean este libro, les conceda bendiciones en sus vidas y en sus relaciones futuras.

Capítulo II: LA PREPARACIÓN PARA EL MATRIMONIO

Las decisiones más importantes para nosotros, en este mundo, son aquellas que nos comprometen para toda la vida.

La opción de entregar mi vida a Dios, como religioso o religiosa, o como sacerdote católico, son decisiones para toda la vida.

De la misma manera, el contraer matrimonio por la iglesia católica, es una decisión para toda la vida:

"Hasta que la muerte nos separe", es el compromiso contraído por los novios el día de sus bodas, ante el sacerdote o el diácono, que preside la ceremonia, en representación de la iglesia.

Cuando se piensa que algo es para toda la vida, debe llamarnos a reflexionar detenida y profundamente, antes de tomar una decisión que tenga esa implicación: para siempre, hasta que la muerte nos separe.

Durante nuestra existencia en este mundo, cada uno de nosotros toma muchas decisiones, algunas de las cuales son bastantes importantes:

¿Qué carrera me gustaría estudiar?,
¿Dónde me gustaría vivir, en que país?,

¿Qué deporte me gustaría practicar, como profesión?, etc…

Vamos a tomar el caso del área profesional, en la cual me gustaría trabajar.

Digamos, sólo para ejemplarizar, que elijo prepararme para Ingeniero de Sistemas y Computación.

Para lograr esta meta, tengo que pasar 12 años para graduarme del Bachillerato; luego 5 años para obtener la Licenciatura en Ingeniería; 2 años más para la Maestría en Ingeniería y 3 años adicionales para el Doctorado en Ingeniería, PhD.

Estamos hablando de alrededor de 22 años, para tener una adecuada preparación en el área elegida.

En otras áreas, podría ser más o menos tiempo, pero continuemos con la carrera elegida, a manera de ejemplo.

¿Para qué prepararnos tan bien?

Para ganar mucho dinero, podría ser la respuesta,

Y ¿para qué queremos mucho dinero?
Para tener un buen carro, una buena casa, poder viajar donde queramos, etc.

Estas podrían ser muchas de las razones que tenemos, para prepararnos por tanto tiempo, en una carrera determinada.

Si continuamos interrogándonos, de los por qués hacemos todos esos sacrificios, y dedicamos tanto tiempo, en obtener una buena profesión, de seguro que concluiríamos, en que la razón última, es que deseamos estar bien preparados para formar un hogar, es decir, para tener nuestra propia familia.

Si lo que sientes es un anhelo fuerte, de servir al Señor a través del sacerdocio, o de la vida religiosa, esas también, son decisiones para toda la vida.

En todo lo que sigue, para facilidad de explicación, me limitaré al caso de las personas, que desean contraer matrimonio.

Tomaré, sin embargo, para fines de comparación, las personas que eligen el deporte como profesión.

A mí me llama mucho la atención, el caso de los deportistas que participan en las olimpíadas.
Estos atletas pasan 4 años preparándose diariamente, para tan importante acontecimiento: régimen muy estricto de alimentación, y prácticas diarias del deporte elegido.

Se inhiben de otras muchas actividades, que aun siendo sanas; podrían afectar negativamente, su actuación en las competencias olímpicas.

A veces, pienso en un atleta de esos, que fuese corredor profesional y que su especialidad, sea la carrera de los 100 metros planos.

Esta persona pasa 4 años, de dura y constante preparación, para participar en una competencia, que dura alrededor de 10 segundos cada vez, y que podría quedar descartado en el primer intento.

Presento esta situación extrema, para destacar que si es importante, dedicar tanto tiempo para algo, que puede durar tan poco, cuanto más debemos dedicar, para prepararnos para un acontecimiento, que dura "toda la vida": EL MATRIMONIO.

Yo vengo de una familia de 15 personas: mi papá, mi mamá y 13 hijos: sí, 13 hijos, aunque ahora ese tipo de familias, son un espécimen en extinción.

Económicamente hablando, mi familia era muy pobre; y pasamos muchas privaciones, de todas índoles.
Mi padre, era maestro constructor de obras (de viviendas).

En la República Dominicana, de donde mi esposa y yo procedemos, existía ese título: Maestro de Obras.

Un Maestro de Obras, recibía los planos de una vivienda, de parte de un Arquitecto y un Ingeniero, y era capaz de hacer realidad, una casa o un edificio.

Pero en el área de la construcción, no había trabajo continuo, y a veces pasaban semanas, sino meses, en los que no había ningún ingreso para la familia.

Imagínense la situación que se producía, donde había 15 personas que tenían que alimentarse, vestirse, etc.; y nada de ingresos.

Por otro lado, y para complicar las cosas aún más, mi papá tuvo hijos fuera del matrimonio con mi mamá.

Mi madre nos contó que mi padre, al cual no quiero acusar ni excusar; desde los 3 años de edad, era llevado por su mamá a las construcciones, para que ayudara de alguna manera y así consiguiese algo para comer.

Es decir, mi padre sólo conoció ese ambiente de trabajo. Pero en ese ambiente, era normal que un hombre tuviese más de una mujer.

Eso era parte de ser "macho", expresión que indica: ser muy hombre.

Quiero aclarar, que estoy hablando de la República Dominicana, una isla del Caribe, entre los años 1915 a 1964; año este último en que falleció mi padre.

A pesar de su realidad, mi padre nos inculcó, lo importante que era, ser honrado y responsable.

Mi madre, era una persona humanitaria y muy religiosa.

Es decir, por un lado, mi padre con un trabajo, que no garantizaba el suministro constante de recursos, para nuestras necesidades familiares, y su infidelidad al matrimonio; y por otro lado, la humanidad y religiosidad de mi madre, marcaron mi vida para siempre.

Hago este preámbulo de mi familia, porque el ambiente en que me desarrollé, afectó mi vida totalmente y me llevó a adoptar una resolución, cuando tenía unos 18 años, que todavía mantengo en plena vigencia:
"Haré todo lo posible, para que en la familia que yo forme, nunca falten los recursos que requiramos, para satisfacer nuestras necesidades materiales.

Mi compañera y yo, con los hijos que el Señor nos regale; practicaremos nuestra fe católica, como mi mamá nos enseñó.

Además, le seré fiel a mi esposa toda la vida; pues no quiero que en mi hogar, se viva una situación, como la que yo, mis hermanos y mi mamá, tuvimos que vivir, en mi casa materna".

Hasta ahora, y luego de más de 45 años de matrimonio, todo se ha cumplido como lo desee, gracias a la colaboración invaluable de mi esposa, y a la AYUDA generosísima de nuestro Padre Celestial y de La Santísima Virgen María, sin cuyas bendiciones, los esfuerzos de mi esposa y míos, hubiesen sido infructuosos.

Elena y yo, lo primero que hacemos siempre, antes de tomar una decisión, de cualquier índole, es presentársela en oración al Señor Jesús y a La Santísima Virgen.

Tenemos la seguridad, de que Ellos nos guiarán, por el mejor curso de acción en cada caso. Esa es nuestra fe.

Capítulo IIa: LA PREPARACIÓN PARA LA VIDA PRODUCTIVA

En el Matrimonio, tendremos que aportar recursos económicos, para ayudar a llenar las necesidades que en el se presentan.

En mi caso, lo primero que pensé fue hacerme profesional. Decidí, cuando estaba en 4to del bachillerato, que estudiaría Ingeniería Civil para poder construir viviendas, como lo hacía mi papá, pero con el título de Ingeniero.

Pero en el año 1960, en la República Dominicana, sólo había universidad en la ciudad de Santo Domingo, la Universidad Estatal.

Decidí entonces, ingresar en las fuerzas armadas para hacerme piloto, y luego obtener permiso para estudiar la Ingeniería Civil, en la Universidad Estatal, como había hecho uno de mis hermanos mayores, para obtener su título de Economista.

Entré, por tanto, en la Academia Militar.

Luego de 2 años en esa institución, me enteré que se había creado en Santiago una universidad privada: La Universidad Católica Madre y Maestra, UCMM.

Renuncié entonces, a mi carrera militar y me trasladé a Santiago, con el propósito de estudiar en esa universidad.

La UCMM era una universidad privada, y por tanto había que pagar.

En la universidad del estado, los estudios eran gratuitos.

Esa realidad, el tener que pagar, para realizar los estudios universitarios, era nueva para mí, y para todos los dominicanos.

La situación económica de mi familia era tal, que cualquier cantidad que tuviésemos que pagar, era mucho para mí y para mi papá.

Pero nuestro Dios, siempre está atento a las necesidades de sus hijos.

Mi madre nunca dejó de orar para que yo lograse mi meta de estudio. Yo también le pedía lo mismo a mi Dios.

El Señor, que escucha siempre la oración que sale del corazón, actuó de la siguiente manera: una profesora del bachillerato se enfermó y me llamaron a mí para que diese Algebra.

Yo había estudiado en esa escuela, y había terminado con muy buenas calificaciones académicas.
La profesora que enfermó, me conocía y me recomendó al director de la escuela, para que yo la reemplazara.

Así sucedió y enseñé por tres meses.

Bermúdez, una firma licorera de Santiago, República Dominicana, ofreció 8 becas para estudiar en la UCMM.

Las becas se otorgarían, a los 8 estudiantes que sacasen las calificaciones más altas, en unos exámenes que se aplicarían a 32 estudiantes, seleccionados por la dirección del colegio.

Como yo había ayudado al colegio, reemplazando a la profesora enferma, el director del colegio me dio la oportunidad de competir, en la lucha para obtener una de las 8 becas.

Es decir, yo sería uno de los 32 estudiantes, que tomaríamos el examen.

Lo tomé y obtuve una de las becas; así pude realizar el sueño de estudiar, para obtener un título profesional.

No como Ingeniero Civil, como era mi deseo, sino como Administrador de Empresas.

En esos años, 1963-1970, la Universidad no tenía las carreras de Ingeniería. Además, las becas eran únicamente, para la carrera de Administración de Empresas.

Fíjense, amigos lectores, como actúa El Señor nuestro Dios, cuando hacemos nuestra parte (yo me preparé muy bien en el bachillerato); el Señor hace la suya, si le entregamos nuestros proyectos y depositamos toda nuestra confianza en Él.

Quiero relatarles la intervención de Dios, en otro momento importantísimo de mi vida.

Cuando tuve la oportunidad de estudiar en la UCMM, por la beca otorgada, me entregué plenamente al estudio. Así, iba obteniendo unas excelentes calificaciones.

Yo comencé los estudios en el año 1963.

En mí segundo año, el año 1964, sucedió algo trágico en mi casa, que afectaría a toda mi familia y mis estudios: mi padre falleció.

¡Qué situación más difícil!

Además de la tristeza de perder a mi padre; me daba cuenta que no podría continuar en la Universidad, pues tendría que trabajar para ayudar en el sustento de mi casa.

Yo era el número 4to. en el orden de edad, pero los 3 hermanos mayores se habían casados, y sus ingresos sólo les alcanzaban, para las familias que habían formado.

En la casa materna, quedábamos 10 hermanos, mi madre y cero ingresos.

Ante esta situación, hablé con el director de mi carrera: le comuniqué la decisión de abandonar la universidad, para trabajar y lograr algún ingreso para mi hogar.

El Señor Manuel José Cabral, mi director, me pidió que no tomara decisión alguna, y que le esperara por unos días, pues él deseaba explorar algunas alternativas.

Al tercer día, el Sr. Cabral me llamó y me informó lo siguiente: hablé con "Poppy" (así le llamaban al Sr. J. Armando Bermúdez, presidente de la compañía, que había otorgado las 8 becas, a que me referí anteriormente), y me dijo, que él te daría el equivalente a 2 ó 3 becas, para que tú ayudes en tu casa y no tengas que dejar los estudios.

Yo había hecho mi parte, sacar buenas calificaciones, y mi Dios hacia la de Él. ¡Gloria a Dios!

Así, pude completar mi primera carrera universitaria.

Para no hacer muy extensa, esta parte de mi preparación profesional, les diré solamente, que por mis calificaciones fui elegido por la universidad, para hacer una especialidad en los Estados Unidos de América.

La UCMM se inauguró en 1962, y la primera promoción se graduó en Junio de 1967.

Yo fui parte de esa primera promoción.

Al inicio, todos los profesores eran extranjeros.

Habían algunos profesionales dominicanos, que colaboraban en la docencia de la nueva Universidad.

Esa no era la situación, que los fundadores de la universidad, habían planeado.

Por eso, crearon un programa para formar profesores universitarios, con la ayuda de organismos internacionales.

Yo fui seleccionado dentro de ese programa.

Firmé un contrato con la UCMM, para estudiar en EUA y regresar como profesor y/o administrador de la universidad.

Una de las condiciones del contrato firmado estipulaba, que debía trabajar en la UCMM, por un tiempo igual o mayor, al empleado en la obtención de la especialidad, a la que fui enviado.

Además, obtuve de la universidad, un préstamo en dinero, que pasarían mensualmente a mi casa materna como ayuda, mientras yo estuviese fuera. Así se hizo.

Pase 3 años en Estados Unidos, donde hice estudios de Maestría y Doctorado en Administración de Empresas.

Regresé a República Dominicana en 1970 y me incorporé a la UCMM como profesor y director de la carrera de Administración de Empresas.

Mi Dios y yo habíamos logrado esa meta, ¡Bendito sea Dios!

Capítulo IIb: BUSQUEDA DEL CONYUGE. CONTINUACIÓN DE LA PREPARACIÓN

Mientras me preparaba profesionalmente, de manera casi simultánea, estaba haciendo las diligencias para encontrar la persona que sería mi compañera para toda la vida.

En oración, les pedí a mi Señor Jesús y a la Santísima Virgen, que pusieran en mi camino a la persona que ellos habían elegido para mí.

Yo me decía, en esto no puedo equivocarme, porque en esta área, la decisión es para siempre. El Matrimonio es para toda la vida.

Además, lo que pasará en el matrimonio es de tal importancia, que no se puede cometer error.

Por tanto, hay que prepararlo con mucho cuidado.

En la elección de la carrera profesional, el empleo, el lugar de trabajo y todo lo relacionado con la fuente de ingreso, para mí y mi futura familia, debo ser cuidadoso.

Estos, sin embargo, pueden cambiar con el tiempo, por las condiciones del mercado y de la economía en general.

En mi caso, estos variaron durante mi vida activa de empleo: trabajé en 3 lugares diferentes.

En el caso de la elección del novio o la novia, sí debemos ser extremadamente cuidadosos, pues estamos hablando de encontrar, la persona con la que compartiremos todos los días, todas las noches, todos los años, hasta que la muerte nos separe.

Además, esa será la persona con la cual procrearemos los hijos que el Señor nos quiera regalar; la persona que me ayudará a crear el ambiente ideal, óptimo, en el hogar que formaremos y donde criaremos nuestros hijos.

No encuentro palabras adecuadas, para expresar la importancia que yo le doy, a esta búsqueda de ese(a) compañero(a) de por vida. Lo que puedo decirles es, que después de contraer matrimonio ya no es posible volver atrás: ¡Ya no puedo cambiar de esposo(a)!

No es como en el trabajo o la profesión, que si puedo elegir uno distinto, dependiendo de las condiciones que se presenten.

En el matrimonio, la elección de mi pareja es ¡para toda la vida!

Por eso, reitero la importancia de tomarse su tiempo, de hacer las indagaciones que sean necesarias, de documentarse lo mejor posible y de orar, con mucha devoción y mucha fe, para que nuestro Dios y la Santísima Virgen, pongan en nuestro camino, el (la) mejor compañero(a) posible.

Es necesario saber, que el hombre y la mujer son física, anatómica, biológica, fisiológica y anímicamente diferentes, entre otras cosas.

Que el ambiente familiar, social, cultural, etc., afecta la personalidad, el carácter, la manera de actuar y de reaccionar de cada persona.

Por tanto, debemos familiarizarnos, tanto como podamos, de todos esos factores, que incidirán en nuestras vidas de parejas.

Yo hice todo lo posible, por conocer todos y cada uno de esos aspectos, en las fuentes que habían disponibles en esa época, inicio de los años 60.

Luego, me enteré, que Elena había hecho algo similar.

Lo primero que, generalmente, atrae nuestra atención, de otra persona, lo percibimos a través de los sentidos: su apariencia física, su voz, sus gestos, su manera de accionar, etc.

Debemos recordar aquí, que esa persona es un(a) hijo(a) de Dios y por tanto debemos tratarlo(a) con la dignidad que esa condición le confiere.

Una de las medidas que debemos adoptar, es la de rodearnos y establecer amistad con personas que tengan valores similares a los nuestros: morales, familiares, religiosos, etc.

"El que ha encontrado un amigo ha encontrado un tesoro" (Eclesiástico 6, 14).

De las personas, del sexo opuesto, que nos atraen, debemos tratar de desarrollar una relación de amistad, con aquel (aquella) que nos gustaría conocer más.

Así podremos saber: qué le atrae, qué le gusta hacer, cómo emplea su tiempo, cuáles son sus amistades, etc.

Si lo que vamos indagando nos agrada, profundizamos más: dónde nació, cuál es su familia, su religión, etc.

Si, por el contrario, lo que vamos descubriendo, no nos anima a seguir adelante, lo mejor es pararlo ahí.

Con esto me refiero, a no llegar a una relación de noviazgo, con alguien que ya se, no me gustaría compartir mi vida.

Esta debe ser la actitud, de una búsqueda seria y honesta, con uno mismo, y con la persona relacionada.

En el caso de Elena y mío, yo tuve la dicha, de conocer a su abuela y abuelo maternos. Ellos eran vecinos de mi familia. Un tío de Elena, era mi amigo.

Mi mamá y la abuela de Elena, doña Emelinda, se trataban muy de cerca. Las dos eran católicas practicantes, y de una bondad y amabilidad increíbles.

Como iba yo a pensar, que una nieta de doña Emelinda, Elena, sería mi querida esposa.

Yo tendría unos 8 o 9 años, en ese entonces. Es decir, que Elena tendría 2 o 3 años en ese momento.

¡Cómo actúa el Señor! Unos 12 o 13 años después, vería yo a Elena por primera vez.

Mi familia y la familia de Elena, se habían mudado, a diferentes lugares de la ciudad.

Yo no había vuelto a saber de la abuela, ni del tío de Elena, nunca más. Habían desaparecidos de mi vida.

Sin embargo, mi Dios puso a Elena en mi camino: allí estaba ella, en una esquina del barrio donde vivían, vestida con un uniforme escolar, color caqui: ¡Qué visión más bella!

Estaba de espaldas a mí, sus cabellos dorados le caían hasta la cintura. Me quede extasiado, admirando su hermosa figura.

Cuando se volteó hacia mí, ¡oh Dios mío qué belleza! Me invadió un sentimiento, hasta ese momento desconocido, de ternura y de protección. Sí, desee cuidar y proteger esa persona, una persona que no conocía. Yo nunca la había visto antes.

Ese encuentro se produjo a pocos metros, de la casa donde vivía mi mejor amigo. Así es, que fui a su casa y le pregunté a su esposa, quién era esa persona.

Elena, estaba todavía parada en el mismo lugar, parece que esperaba alguien. La esposa de mi amigo me dijo, que su nombre era Elena y que era hermana, de una amiga y peluquera de ella, llamada Gladys.

A partir de ese día comencé a visitar, con más frecuencia a mis amigos, esperando poder encontrarme con Elena.

Unos días después, coincidimos en casa de mis amigos. Fuimos presentados, y pude estrechar su mano, por primera vez.

Cuando conocí a Elena, yo vivía todavía en Santo Domingo; pues seguía en la Academia Militar, como les explique antes.

En esa época, inicio de los años 60, no teníamos teléfonos en nuestras casas: ni mis amigos, ni la familia de Elena, ni en mi casa. No existía el teléfono celular, ni la computadora.

Nuestra única forma de comunicación, cuando estábamos separados, era por correo. Pero eso se dificultaba también, pues en la Academia Militar, nos lo tenían muy restringido.

Así es, que yo hacía todo lo posible, por tener unos días libres y cuando lo lograba, me iba de inmediato para Santiago. Buscaba a mis amigos, y les pedía que invitaran a Gladys y a Elena para ir al cine, o a pasar unos momentos sociales juntos.

Era costumbre social y cultural, en esos años, el que las jóvenes saliesen acompañadas, de otra persona de mayor edad que ella, cuando querían compartir, con algún muchacho.

Es decir, Elena y yo nunca salíamos solos.

A pesar de esas limitaciones, nos fuimos conociendo bastante.

El salir de la Academia Militar, tuvo pues, dos motivos principales: la apertura de la primera Universidad privada, en la República Dominicana, la UCMM de Santiago, y el deseo de seguir tratando a Elena.

La familia de Elena, era como la mía: católica practicante.

Elena, que tenía alrededor de 15 años, cuando empecé a tratarla, poseía una madurez, muy superior a su edad, y era poseedora de grandes valores morales.

Tenía un gran respeto por sus padres, a todas las personas las trataba con mucha cortesía, en especial a las que eran de avanzada edad.

Pude comprobar que Elena vivía su fe católica a plenitud, practicando los sacramentos. Además, estaba involucrada en los ministerios de su parroquia.

Ella, por ejemplo, formaba parte de un grupo Católico, llamado "La Legión de María". Elena era la más joven del grupo.

Los Legionarios de María, entre otras cosas, se ocupaban de detectar, las familias que tuviesen hijos no bautizados, o que no hubiesen hecho la primera comunión, o cuyos padres no se habían casado por la Iglesia.

Cuando los legionarios de María, encontraban una de esas situaciones, ellos buscaban la manera, de que en esas familias se corrigiesen, cualesquiera que fuesen, las realidades existentes.

También, visitaban a los enfermos y diligenciaban que un sacerdote, les hiciese la confesión y les llevase la Sagrada Eucaristía, cuando eso era necesario para el enfermo.

Me di cuenta, que debía profundizar, mi conocimiento de Elena, pues me alegraba grandemente, el sólo pensar que la podría ver, después de algunas semanas de separación, pues yo seguía viviendo en Santo Domingo.

Así, pude saber qué cosas le agradaban hacer, que no le atraían mucho, qué le gustaba comer, si tenia amigas o amigos, etc.

Elena, tenía una sola amiga, una joven como ella, que vivía al lado de su casa y con la cual dialogaba, en algunas ocasiones.

La principal amiga de Elena, era su hermana mayor Gladys, con ella salía a todas partes.

Tenía Elena 2 hermanas menores y un hermano mayor.

Gladys trabajaba en un salón de belleza, y era muy demandada, por la clientela de ese y de otros salones.

Elena le ayudaba, en algunas ocasiones.

Si lo que hemos aprendido de la persona que estamos tratando, nos agrada tanto, que deseamos continuar la profundización del conocimiento de esa persona, debemos tratar de iniciar un noviazgo.

Capítulo III. EL NOVIAZGO, CONTINUACIÓN DE LA PREPARACION

La elección de tu compañero(a) para toda la vida, es y debe ser, de la mayor importancia para ti.

Debe ser una búsqueda de la razón y de los sentimientos. Pero, ¡cuidado!, no te guíes sólo por las apariencias.

En este momento, me viene a la mente, el pasaje bíblico, en que El Señor instruyó a Samuel, para que ungiese, una persona, como rey de Israel.

El profeta Samuel, se impresionó con el primer hijo de Jese, y lo iba a ungir como rey, y el Señor le dijo: "no te fijes en las apariencias, Dios no ve como los hombres, que ven las apariencias" (1 Samuel 16,1; 6-7sg.).

No podemos guiarnos, sólo por las apariencias. La decisión es tan importante, que debemos hurgar, en todos los aspectos, de nuestro(a) compañero(a).

Además, acompañemos todo este proceso con oración constante.

Recuerdas: es una decisión para toda la vida.

Después de alrededor, de un año, de estar tratando a Elena, y luego de comprobar ambos, que nos sentíamos bien, el uno con el otro, tomamos la decisión de iniciar un noviazgo.

Sí, Elena aceptó mi petición, de que fuese mi novia.

Cuando Elena me dijo que si, que aceptaba ser mi novia, me sentí tan feliz, que quería gritarlo a todo el mundo.

La persona, que había ocupado mi mente y mi corazón, casi totalmente, por un año, había decidido ser mi novia. ¡Qué sensación de alegría! ¡Cuánta felicidad, embargo mi corazón!

Esto ocurrió el día 19 de diciembre de 1962, alrededor de las 6.30pm. ¡Cómo olvidarlo, Elena había decidido que yo también, era necesario para ella!

¡Bendito sea Dios y la Madre Santísima!

Había comenzado la etapa de conocernos, a tal extremo, que pudiésemos afirmar que esa era la persona, con la cual deseábamos compartir, el resto de nuestras vidas terrenas.

Elena, al igual que yo, tenía bien claro, el propósito del noviazgo: comprobar, sin duda alguna, que esa era la persona, con la cual deseaba unirme en matrimonio, para toda la vida.

Debo, también, terminar esta relación, si después de haber comenzado esta fase, encuentro elementos, que me hagan pensar, que no es la persona, con la que compartiría toda mi vida.

Esto es lo mejor para los dos, en lugar de prolongar una decisión, de terminación de un noviazgo, por no hacer sufrir al otro, o a la otra.

Antes, yo pensaba que era muy duro, que una pareja de novios, decidan concluir el noviazgo, después de 3 años de haberlos iniciado, por ejemplo.

Ahora creo, que es mucho mejor, y más honesto para los dos, hacer esto, que continuar a la etapa definitiva del matrimonio, con una persona, con la cual no me agradaría, estar juntos toda la vida.

Por otro lado, si durante el tiempo de noviazgo, para mí no menor de un año, me doy cuenta que esa es la persona, con la que deseo pasar el resto de mi vida; entonces, debemos entrar en la etapa de conocernos, lo más que podamos, en todas las facetas de la vida, menos en la sexual, que esta reservada únicamente, para la etapa del matrimonio.

En esta fase, debemos tratar de conocernos a profundidad: nuestros gustos, lo que nos desagrada, las cosas que me molestan, o pueden molestar del otro, etc.

Esta es una etapa importantísima, y se debe vivir a plenitud, con honradez y responsabilidad.

Con esto quiero decir, que los novios deben mostrarse ante el otro, tal y cual son.

No esconderse detrás de palabras, gestos, acciones, etc., que no son sinceros y que desvirtúan, el verdadero yo de esa persona.

No, es necesario mostrarse, cada uno, tal y cual es.

Deben dialogar, extensamente, de todas las facetas del matrimonio, hasta que cada uno entienda, lo que al otro le agrada, o espera lograr en el hogar: lo que le gustaría, que piensa de los hijos, como le gustaría educarlos, etc.

Nuestro noviazgo duró cuatro años.

Deseo aclarar, desde el inicio, que durante todo ese tiempo, hicimos todo lo posible, para conocernos tal y como éramos, sin engaños, sin fingimientos, actuando, en todas las situaciones, con la mayor sinceridad y naturalidad. Diciéndonos, lo que nos agradaba y lo que nos desagradaba del otro.

Los cuatros años de noviazgo, lo vivimos en total castidad.

Elena tenía bien claro, que ella entregaría su cuerpo, solamente después del matrimonio, al que fuese su esposo y que ella sólo se casaría, en unas bodas celebradas dentro, de la Iglesia Católica, Apostólica y Romana.

Eso estuvo definido, desde el inicio.

Por tanto, al darnos expresiones de cariño y afectos nos cuidábamos, el uno al otro, y por eso evitábamos, la expresiones prolongadas de cariño.

Hoy día hay muchos jóvenes que en su noviazgo, usan un anillo en el dedo como promesa de castidad entre ambos, incluso oran juntos y eligen un día en la semana para visitar a Jesús Eucaristía.

Esa faceta, la de orar juntos, debe ser una de las áreas más importantes, en la relación de toda pareja.

No debemos olvidar que en cualquier condición y etapa de nuestras vidas, estaremos acosados por satanás, para que caigamos en pecado.

Nosotros somos débiles, por eso debemos fortalecernos con: la oración, el ayuno, y la vida sacramental, en especial el Sacramento de la Confesión y el de la Eucaristía.

El sexo es un don de Dios, pero debe realizarse con amor, y estar abierto a la vida. Por tanto, debe estar reservado para la etapa del matrimonio.

La Iglesia nos dice:

"Los *novios* están llamados a vivir la castidad en la continencia. En esta prueba han de ver un descubrimiento del mutuo respeto, un aprendizaje de la fidelidad y de la esperanza de recibirse el uno y el otro de Dios. Reservarán para el tiempo del matrimonio las manifestaciones de ternura específicas del amor conyugal. Deben ayudarse mutuamente a crecer en la castidad." (CIC #2350)

Este comportamiento, fue fácil para nosotros por 2 razones:

a) Elena, era Católica practicante y yo también.

b) Nuestras familias, y en la casi totalidad de la sociedad de nuestra época, era costumbre, que la mujer llegase virgen al matrimonio.

Esto, sin embargo, no se le requería al hombre.

Pero esta última parte, era una enseñanza errónea.
Lo cierto es, y así debemos enseñarlo a nuestros hijos, que tanto el hombre y la mujer, deben resguardar su virginidad, para el tiempo del matrimonio.

Durante el noviazgo, dialogamos de cuántos hijos nos gustaría tener, cómo los educaríamos, el ambiente que crearíamos en el hogar; la forma de dialogar entre todos, etc.

Dedicamos mucho tiempo, pensando e indagando, sobre el ambiente ideal, que debíamos crear en el hogar, para lograr el desarrollo integral, de los hijos que el Señor nos regalase.

Pudimos obtener bastante información, a pesar de las enormes limitaciones de esa época: no bibliotecas, no internet, no computadora, etc.; sólo una casa vieja, llamada Amantes de la Luz, con libros de historia y sobre el dictador Trujillo.

Cuando ingresé a la Universidad, se facilitó un poco, la búsqueda de información, pues ahí se creó una biblioteca, que al inicio tenia, principalmente, libros para cada una de las carreras existentes.

Luego de cierto tiempo, pudimos tener una idea, más o menos clara, de lo que podíamos hacer, para crear el ambiente apropiado, que facilitase el bienestar y desarrollo de los hijos, y de cada uno de los que formáramos nuestra familia.

Un aspecto, al que le dedicamos mucho tiempo y pensamiento, fue al papel de cada uno de nosotros dos, dentro del matrimonio.

Acordamos, que Elena se quedaría en la casa, con los hijos que el Señor nos regalase.

En nuestra juventud, República Dominicana, a mediados de la época de los 60, era costumbre que sólo trabajase, uno de los conyugues.

La mujer se dedicaba principalmente, al cuidado del hogar.

Eso facilitó, la decisión que tomamos Elena y yo.

Puedo decirles que:

-El esfuerzo de Elena y mío, para conocernos a tal punto, que pudiésemos decidir con seguridad, qué era lo mejor, para cada uno de nosotros;

-La ayuda, importantísima, de nuestro Dios y la Santísima Virgen María, obtenida a través de oración constante;

-La entrega, de nuestra relación y nuestro futuro, a la completa voluntad de Dios;
Dieron el resultado deseado para Elena y para mí: el día 17 de diciembre de 1966, unimos nuestras vidas en Sagrado Matrimonio.

¡Alabado sea Dios!, ¡Bendita sea nuestra Madre Celestial!

Recordemos aquí lo que dijo Juan Pablo II:

"La castidad es una difícil cuestión a largo plazo. Hay que esperar pacientemente a que de frutos, por la felicidad de la bondad que debe traer. Pero al mismo tiempo, la castidad es el camino seguro hacia la felicidad."

Capítulo IV. EL MATRIMONIO, UNA DECISIÓN PARA TODA LA VIDA

Las bodas de Elena y mía, fueron celebradas en la Iglesia Nuestra Señora de La Altagracia, en Santiago República Dominicana.

La celebración tuvo lugar dentro de La Santa Misa. Elena y yo nos otorgamos el Sacramento del Matrimonio, expresando nuestros consentimientos, delante del sacerdote que asistió a la celebración, el cual lo recibió y nos dio la bendición a nombre de la Iglesia.

Además, recibimos la Sagrada Eucaristía, haciéndonos así, un solo cuerpo con Cristo. (Ver CIC #s 1621, 1623 y 1630)

El matrimonio, es una unión para toda la vida.

Esta condición, fue establecida por el mismo Dios, como podemos leer en las Sagradas Escrituras:

"3 Se acercaron a él algunos fariseos y, para ponerlo a prueba, le dijeron: « ¿Es lícito al hombre divorciarse de su mujer por cualquier motivo?».4 El respondió: « ¿No han leído ustedes que el Creador, desde el principio, los hizo varón y mujer; 5 y que dijo: "Por eso, el hombre dejará a su padre y a su madre para unirse a su mujer, y los dos no serán sino una sola carne"?6 De manera que ya no son dos, sino una sola carne. Que el hombre no separe lo que Dios ha unido» (Mt.19, 3-6).

Nuestra Santa Madre Iglesia Católica, reafirma esta condición; y en su Catecismo (CIC), nos dice:

"Por tanto, el *vínculo matrimonial* es establecido por Dios mismo, de modo que el matrimonio celebrado y consumado entre bautizados no puede ser disuelto jamás. Este vínculo que resulta del acto humano libre de los esposos y de la consumación del matrimonio es una realidad ya irrevocable y da origen a una alianza garantizada por la fidelidad de Dios. La Iglesia no tiene poder para pronunciarse contra esta disposición de la sabiduría divina." (cf CICcan. 1141) (CIC # 1640)

Para evitar confusión, al leer que la Iglesia no puede disolver el matrimonio, es bueno que veamos el por qué se dice esto.

Creo que lo mejor, por la gran importancia de este tema, es citar, textualmente, el Catecismo (CIC):

"Los protagonistas de la alianza matrimonial son un hombre y una mujer bautizados, libres para contraer el matrimonio y que expresan libremente su consentimiento. "Ser libre" quiere decir: — no obrar por coacción; — no estar impedido por una ley natural o eclesiástica." (CIC # 1625)

"La Iglesia considera el intercambio de los consentimientos entre los esposos como el elemento indispensable "que hace el matrimonio" (CIC can. 1057 §1). **Si el consentimiento falta, no hay matrimonio.**" (CIC # 1626)

"El consentimiento consiste en "un acto humano, por el cual los esposos se dan y se reciben mutuamente" (GS 48,1; cf CIC can. 1057 §2): "Yo te recibo como esposa" — "Yo te recibo como esposo" (*Ritual de la celebración del Matrimonio*, 62). Este consentimiento que une a los esposos entre sí, encuentra su plenitud en el hecho de que los dos "vienen a ser una sola carne" (cf *Gen* 2,24; *Mc* 10,8; *Ef* 5,31)." (CIC # 1627)

"El consentimiento debe ser un acto de la voluntad de cada uno de los contrayentes, libre de violencia o de temor grave externo (cf CIC can. 1103). Ningún poder humano puede reemplazar este consentimiento (CIC can. 1057 §1). **Si esta libertad falta, el matrimonio es inválido.**" (CIC # 1628)

"**Por esta razón (o por otras razones que hacen nulo e inválido el matrimonio [cf. CIC can. 1095-1107]), la Iglesia, tras examinar la situación por el tribunal eclesiástico competente, puede declarar "la nulidad del matrimonio", es decir, que el matrimonio no ha existido.** En este caso, los contrayentes quedan libres para casarse, aunque deben cumplir las obligaciones naturales nacidas de una unión precedente anterior (cf CIC, can. 1071 § 1, 3)". (CIC # 1629)

Les recomiendo que lean, en el CIC, todo lo referente a este importante Sacramento, para que puedan crear una clara conciencia, acerca del mismo.

El Matrimonio se encuentra ubicado, en el Capítulo Tercero: Los Sacramentos al Servicio de la Comunidad, en el artículo 7 El Sacramento del Matrimonio. (#s 1601-1666)

El casarse, es una decisión que debemos tomar, con toda conciencia.

Pero les puedo decir, sin ninguna duda en mi corazón, que el matrimonio es la experiencia más agradable, más reconfortante, más interesante, más completa y la decisión más importante que toma una persona, que tiene esta vocación.

Es también, la más desafiante, a la que tenemos que enfrentarnos.

Por eso, debemos ir al matrimonio, equipado con todas las "herramientas"
Es decir, debemos llegar al matrimonio, con el conocimiento, de todos los aspectos importantes, que influirán en la familia que formaremos.

Así, podremos emplearlas, adecuadamente, cuando la situación se presente.

Es de sumo interés, que tengamos siempre presente, que el "mejor uso" que hagamos, de cada una de las herramientas, será medido por el grado de satisfacción, que produzcamos a nuestra pareja, y a los demás componentes de nuestra familia.

No encuentro palabras que me permitan enfatizar, al grado que deseo, lo esencial que es, el tener siempre presente, que la familia es lo más importante. Más importante que el éxito, que el dinero, que la fama, etc.

Por tanto, todo lo que hagamos, debe tener como meta final terrenal, el bienestar de nuestra familia.

Veamos, ahora, los temas más relevantes (herramientas), para hacer posible, una convivencia agradable y satisfactoria, para todos los integrantes del hogar.

Estos temas serán tratados en los capítulos IVa a IVi.

Capítulo IVa. LA COMUNICACIÓN ENTRE LA PAREJA Y EN EL HOGAR

La comunicación, es una de las herramientas más importantes para el matrimonio y esto se debe, a que estará presente y haremos uso de ella, en todas las demás.

La comunicación puede ser verbal y/o escrita.

Iniciaremos con la comunicación verbal.

Debo destacar, desde el comienzo, que la comunicación verbal, se realiza con nuestra boca; pero que simultáneamente intervienen, y a veces son los más influyentes, el movimiento que efectuemos con nuestro cuerpo: manos, expresiones de sonrisas, muecas, entonar de las cejas, etc.

El tono de nuestra voz puede cambiar, completamente, lo que dicen nuestras palabras.

Por eso, debemos familiarizarnos, plenamente, con todos estos elementos, para que la comunicación, sea una herramienta de ayuda para la familia.

A veces nosotros actuamos, es decir, hacemos o decimos algo, bajo la premisa de que sabemos lo que piensa y quiere nuestra pareja, en relación a aquello que decimos o hacemos.
Por lo general, eso no es cierto, y mucho menos en los primeros años de matrimonio.

Es una regla muy sabia, y que yo se la recomiendo: no asumir que se conoce lo que nuestro cónyuge desea, quiere o haría, en una situación determinada.

Como compañeros para toda la vida deben acordar: mostrarse tal y cual son, nunca actuar o fingir para aparentar, o presentar, una imagen diferente a la propia.

Deben decirse, francamente, lo que les gusta, lo que no les agrada, lo que rechazan definitivamente, lo que piensan o sienten, en cada una de las acciones y/o decisiones, que tendrán que adoptar, durante su vida de pareja.

Tan poco debe asumirse, que nuestra pareja sabe lo que pensamos, queremos o deseamos, ante una acción o situación determinada. Es mejor, más sano y más seguro, decírselo verbalmente o por escrito.

Esto es necesario para la armonía en el hogar, y sólo se logra a través de la comunicación efectiva.

Recordemos, la relación con el otro está determinada, por la manera como te sientes de ti mismo. Por tanto, tu reacción a lo que el otro dice o hace depende, fundamentalmente, de tu autoestima.

Ámate a ti mismo, acéptate. Llénate de amor, pues nadie da lo que no tiene. Y luego, dalo a los demás.

Tú y tu pareja son semejantes a Dios, pero distintos entre sí.

Todos somos únicos. Por tanto, acepta al otro como es, con mucho amor, no quieras que sea como tú. Al contrario disfruta su diferencia.

De seguro que a ti te agrada, que los demás te acepten como eres: ¡haz tú lo mismo!, y verás cuan agradable se hace la relación con la otra persona.

Recuerdas lo que nos dice Jesús:

"12 Todos los que deseen que los demás hagan por ustedes, háganlo por ellos..." (Mt 7,12).

Para que la comunicación, el diálogo, sea efectivo, se requiere que los participantes tengan bien claro, lo que cada uno desea.

Además, cada uno debe buscar el bienestar del otro y de los demás miembros de la familia, en todo lo que se hace y/o se diga; en el hogar o fuera de él.

Debe también, observarse esta regla: cuando uno habla, el otro escucha con atención, lo que el primero trata de decirle.

Es importante tratar de entender, lo que el que habla nos quiere decir. No interpretar lo que se nos dice; mucho menos, tratar de adivinar lo que se nos quiere decir, ¡no!

Lo esencial es captar lo que se nos dice. Si no estamos seguros, debemos tratar de esclarecerlo.

En este caso, debemos decir lo que entendimos, y dejar que el que habla, lo confirme o corrija.

Así, alternando entre hablar y escuchar, podrán irse conociendo, poco a poco, hasta que llegará un momento, en que el diálogo fluirá con mucha facilidad, entre los dos.

Sin embargo, por más profundo que sea el conocimiento, del uno y del otro, nunca tomar una decisión importante, que afecte la familia y/o el cónyuge, asumiendo que ya se conoce a cabalidad a su pareja.

El diálogo, desde luego, toma parte durante las etapas previas al matrimonio: en la etapa de conocerse, y en la de noviazgo.

Los mismos elementos deben estar presentes, en esas dos etapas también.

A pesar de nuestros 45 años de casados, Elena y yo, al momento de tomar una decisión, no asumimos lo que el otro desea, quiere o haría, sino que cada uno lo dice verbalmente.

Recuerden que cada persona, por su cualidad de única e irrepetible, reacciona de manera diferente, ante una misma situación o estímulo.

Por tanto, es mejor dejar que cada uno exprese, su punto de vista, en cualquier situación, en la que se tomará una decisión familiar.

Es posible, que a pesar de tomar en cuenta, todos los elementos que intervienen en el diálogo, la comunicación no fluya adecuadamente.

Por ejemplo, uno de los cónyuges podría estar, muy emotivamente ligado, a un tema particular, y le sea difícil mantenerse en calma, y poder expresar su punto de vista, con ecuanimidad.

En un caso así, es mejor poner por escrito lo que piensa, con relación al tema tratado.

Surgirán otras situaciones, en las que algún miembro de la familia considere necesario, comunicar por escrito su posición, con respecto a un asunto del hogar.

En definitiva, lo importante en la comunicación, es que ningún integrante de la familia, se prive el mismo, o sea impedido por otro de los miembros, de expresar su parecer en un tema cualquiera, que se este tratando en el seno familiar.

Capítulo IVb. EL CONOCIMIENTO DE TU PAREJA Y EL TRATO ENTRE LOS DOS

El conocimiento, de la que es tu pareja en el matrimonio, comenzó en la etapa previa al noviazgo, y es consecuencia de ese conocimiento, que llegaron a la etapa de noviazgo, y a la definitiva de matrimonio.

Es cierto, que en las etapas de tratarse, como conocidos o amigos, y de noviazgo, no se presentan todas las situaciones, ni todas las condiciones, para conocer facetas diferentes, de la personalidad de un ser humano.

Por eso, es importante saber, que el conocimiento de tu pareja nunca es total. Es algo dinámico y continuo, por ser un ser único y porque cambiamos con la edad.

Además, siempre habrán situaciones y decisiones, a las que nunca, nos habremos enfrentados anteriormente.

Es decir, que en este aspecto no hay espacio, para la rutina o la monotonía.

Siempre aparecerán detalles, de la personalidad de tu pareja, que son nuevas para tí. Archívalas en tu memoria y tenlas presentes, cuando tomen decisiones en el futuro.

Tu cónyuge es un ser único, irrepetible y con aspectos dinámicos en su ser: apréndelos, atesóralos, úsalos y disfrútalos.

La confianza entre los cónyuges es, también, de importancia capital.

Se debe dialogar sobre este aspecto, porque la desconfianza, del uno para el otro; puede ser una fuente continua, de problemas o malos entendidos, entre los esposos.

Elena y yo llegamos al acuerdo, de que confiaríamos plenamente, el uno en el otro.

Esta decisión, tenía como base lo siguiente:

-nos habíamos casado, porque nos amábamos profundamente,

-era una decisión para toda la vida, y debía sustentarse en honestidad, en todas las áreas,

-los dos éramos católicos practicantes,

-y racionalmente comprendíamos, que si uno quería mentir, era muy difícil para que el otro, pudiese detectarlo.

Por tanto, concluimos que confiaríamos, el uno en el otro, siempre y en todas las áreas de nuestras vidas.

Seriamos honestos, en todo.

Así lo hemos hecho y mantenido, por alrededor de 49 años, desde el inicio de nuestro noviazgo.

¡Bendito sea Dios!

La desconfianza, es una fuente permanente, de malentendidos y de agravios, entre las parejas ¡Evítenla por favor!

Si hay alguna situación, de tu pareja, que tu no conoces y deseas obtener información, pregúntale francamente.

Nunca te quedes con el simple deseo de saber, pues la mente te puede llevar a sacar conclusiones, y a tomar decisiones, que pueden afectar tu relación de pareja.

Al dirigirte a tu pareja, para indagar algo, ten cuidado con el tono, los gestos, etc.; pues estos, pueden interferir, en la efectividad del diálogo.

También, dependiendo del aspecto que sea, se debe elegir el momento oportuno, para hacerlo.

Si el tema que vas a tratar, es muy sensible para ti y/o para él (ella); es bueno que dialoguen, en un momento y lugar apropiados.

Por ejemplo, en la habitación y solos los dos.

Nunca tratar de dialogar, si están enfadados, o molestos entre sí.

Si uno de los dos pierde el control, y dice o hace algo inapropiado, es conveniente, que el otro pida excusas y se retire. O que proponga, dejar el asunto, para otro momento.

Pero nunca te retires abruptamente. Esto empeora todo.

Te recomiendo, que antes de tratar un tema que sea vital para la familia, o alguno de sus miembros, lo presenten en oración al Señor Jesús

Les aseguro, que si hacen esto, y dialogan con toda honestidad: obtendrán la ayuda del Señor y fortalecerán la relación entre ustedes.

Tratas siempre, a tu compañero(a), con cortesía, con dulzura, con amabilidad y con mucho cariño.

Déjale sentir tu amor, por él (ella), en cada una de sus interacciones.

Dale muestras de afectos, tan frecuentes como puedas: abrázale, acaricia su cabeza, sus brazos, su espalda, etc.

Dile lo que él (ella) significa para ti, lo importante que es para ti.
Búscala siempre, desea estar cerca de él (ella).

Háblale de tu amor por él (ella), ¡no asumas que él (ella) lo sabe, y no es necesario decirlo!

Aunque fuese cierto, y tu cónyuge sabe que lo quieres, demuéstraselo, pues a él (ella) siempre le agrada, que se lo manifieste de hecho.

En mi caso, por ejemplo, cada vez que estoy cerca de Elena, le doy alguna muestra física de afecto.

También, le expreso por escrito, diferentes aspectos de nuestra relación, y de lo que ella representa en mi vida.

De esta manera, pienso yo, ella podrá recurrir a estas manifestaciones de cariño, cada vez que lo desee.

Por ejemplo, un día de Las Madres le escribí, entre otras cosas, lo siguiente:

"Querida Elena, cuando pienso en las madres, me viene a la mente el Amor que Dios tiene por nosotros y para nosotros.

Es casi imposible entender, cómo una criatura humana, un simple mortal como es la madre, puede albergar en su corazón, un sentimiento tan puro, tan fuerte, tan inmutable, como lo es el amor que tiene para sus seres queridos, en especial para sus hijos.

El amor de las madres es fuerte, poderoso, constante, inmutable, y a la vez tierno y cariñoso.

Es un amor que ella da, sin esperar ni pedir nada.

Un amor que da por igual al hijo bueno, al rebelde y al malo.

La madre no ve diferencias entre sus hijos al darle su amor. ¡Los ama y ya!

Elena, cuando repaso en mi mente, el tiempo que nuestro Padre Celestial nos ha regalado juntos, y revivo tu papel de madre, no puedo más que admirar, la fidelidad con que tú representas lo que Dios nos quería comunicar a través de las madres.

Tú eres amorosa, delicada, tierna, cariñosa y protectora de cada uno de nuestros hijos.

Tu amor se puede "ver" en todas tus acciones, en todos tus gestos y en todas tus palabras.

Tu vida, entre nosotros, querida Elena, es una verdadera sinfonía, un verdadero mosaico de amor, compuesto en nuestro hogar cada día, en cada momento, y a lo largo de toda tu vida, y que nosotros oímos y contemplamos, con nuestros corazones agradecidos.

¡Qué honor más grande para mí, el haber tenido la dicha de ver y disfrutar tu vida como madre!

Gracias Elena, por mantener bien alto, la dignidad de las madres.

Te quiere siempre, Ricardo Lora"

En otra ocasión, un día cualquiera de nuestras vidas, le escribí:

"Querida Elena,

Un día pensativo me pregunté, ¿qué me atrae de ti?

¡Todo! Tu figura hermosa y bien proporcionada, tus cabellos cubriendo tu frente y tu cuello.

Tu mirada serena y tierna. Tu sonrisa tímida acariciando tus labios.

El amor de tus acciones de cada día y cada momento.

Tu entrega total, plena y humilde.

Los mil detalles con que muestras tu amor.

Tu continuo dar, sin pedir ni esperar nada.

Tu relación con nuestro Padre Celestial y la Santísima Virgen María.

Que ¿qué me atrae de ti? ¡Todo mi vida, todo!

¡Qué regalo más grande el estar en tu vida!

Te quiero siempre, Ricardo Lora"

Me parece una buena práctica, la de expresar por escrito, algunos sentimientos hacia tu pareja, que muchas veces se hacen difícil, decirlos verbalmente.

Mientras más conoces a tu pareja, más fácil será la relación entre los dos.

A través del tiempo, cuanto más conozco a Elena, más la quiero.

¡Qué compañera tan agradable me regaló el Señor! ¡Gracias mi Dios!

También las gracias, a nuestra Madre Celestial, la virgen María, quien nos ha acompañado, a lo largo de nuestra relación, de más de 49 años.

Ella es la que ha incentivado, nuestro conocimiento de su Santísimo Hijo, de Su Palabra, de La Santa Madre Iglesia, y de nuestro Padre Celestial.
Cada uno de nosotros, como seres humanos, tiene aspectos positivos y negativos.

¡Concéntrate en los aspectos positivos de tu pareja, disfrútalos, díselos!

En cuanto, a los que son negativos para ti; trata, con delicadeza y con mucho amor, que tu pareja, haga el esfuerzo para corregirlos.

Pero recuerdas, que eso que tú percibes, como negativo en tu pareja, puede que sea sólo eso, tu percepción.

Quizás, ella o él, no tiene ese defecto o negatividad, que tú le atribuyes.

Cualquiera que sea la realidad, abórdalo francamente, pero con mucha ternura y buena disposición.

Con dulzura, delicadeza, tacto y mucho amor, todo se puede superar. ¡Te lo digo por experiencia!

La Madre Teresa nos dice,

"Haz las cosas pequeñas con gran amor".

Capítulo IVc. LA INTIMIDAD

El libro del Génesis, en Las Sagradas Escrituras, nos da el relato de la creación.

El Padre Celestial creó el cielo y la tierra y todo lo que contiene, con su incomparable belleza y majestuosidad:

¿Cómo no deleitarse ante la belleza y grandeza del firmamento?;

¿Cómo no darle gracias a Dios por un amanecer o un atardecer?;

¿Por la incomparable belleza de una montaña cubierta de nieve?

Todo lo creado Dios vio que era bueno. (Gen 1, 12).

Dios creó todo por Amor y con Amor.

Pero lo más admirable es que Dios nos hizo a Su Imagen y Semejanza, y nos dio poder sobre todo lo viviente:

"1 Al principio Dios creó el cielo y la tierra. 27 Y Dios creó al hombre a su imagen; lo creó a imagen de Dios, los creó varón y mujer. 28 Y los bendijo, diciéndoles: «Sean fecundos, multiplíquense, **llenen la tierra y sométanla; dominen a los peces del mar, a las aves del cielo y a todos los vivientes que se mueven sobre la tierra**» (Gen 1, 1. 27-28).

Por ser semejantes a Dios, cada ser humano es único e irrepetible.

Por esa misma condición fuimos creados puros y bellos, por dentro y por fuera.

Estaban desnudos y no se avergonzaban (Gen 2, 25), al contrario se sentían gozosos y disfrutaban todo lo creado, con su belleza particular.

Por el pecado, perdieron su belleza interior y sintieron vergüenza de estar desnudos. (Gen 3, 10)

Es decir, que si estamos en pecado veremos a nuestro cónyuge con ojos impuros y no podremos apreciar la belleza con que lo creo nuestro Padre del Cielo.

Estando en esta condición, podríamos "usar" a nuestro(a) compañero(a), para nuestro propio beneficio.

Acudamos frecuentemente al sacramento de la confesión, para mitigar nuestra inclinación al pecado. Así podremos disfrutar a nuestra pareja y la podremos ver con la belleza con que Dios la ve.

La relación con nuestro cónyuge será pura, agradable y grata para los dos. Como Dios lo espera de nosotros.

Cuando los esposos se entregan, se donan, el uno al otro, sin límites y sin egoísmos, se habla del significado esponsalicio del cuerpo.

Juan Pablo II, nos dice:

"4. El cuerpo humano, orientado interiormente por el "don sincero" de la persona, revela no sólo su masculinidad o feminidad en el plano físico, sino que revela también *este valor y esta belleza de sobrepasar la dimensión simplemente física* de la "sexualidad"[2]2.

De este modo se completa, en cierto sentido, la conciencia del significado esponsalicio del cuerpo, vinculado a la masculinidad-feminidad del hombre. Por un lado, este significado indica una capacidad particular de expresar el amor en el que el hombre se convierte en don; por otro, le corresponde la capacidad y la profunda disponibilidad a la "afirmación de la persona", esto es, literalmente la capacidad de vivir el hecho de que el otro —la mujer para el varón y el varón para la mujer— es, por medio del cuerpo, alguien a quien ha querido el Creador "por sí mismo", es decir, único e irrepetible: alguien elegido por el Amor eterno." (*AUDIENCIA GENERAL miércoles 16 de enero de 1980*).
Ahora bien, conociendo el Amor de Dios, por cada ser humano, lo menos que puede hacer cada cónyuge es respetar y amar con dignidad al otro, por amor a Dios, Padre amoroso de ambos.

Sigue el Santo Padre, el beato Juan Pablo II, diciéndonos:

"3. Podemos decir que la inocencia interior (esto es, la rectitud de intención) en el intercambio del don consiste en una recíproca "aceptación" del otro, tal que corresponda a la esencia misma del don; de este modo, la donación mutua crea la comunión de las personas. Por esto, se trata de "acoger" al otro ser humano y de "aceptarlo", precisamente porque en esta relación mutua de que habla el *Génesis* 2, 23-25, el varón y la mujer se convierten en don el uno para el otro, mediante toda la verdad y la evidencia de su propio cuerpo, en su masculinidad y feminidad. Se trata, pues, de una "aceptación" o "acogida" tal que exprese y sostenga en la desnudez recíproca el significado del don y por eso profundice la dignidad recíproca de él. Esa dignidad corresponde profundamente al hecho de que el Creador ha querido (y continuamente quiere) al hombre, varón y mujer, "por sí mismo". La inocencia "del corazón" y, por consiguiente, la inocencia de la experiencia significa participación moral en el eterno y permanente acto de la voluntad de Dios.

Lo contrario de esta "acogida" o "aceptación" del otro ser humano como don sería una privación del don mismo y por esto un trastrueque e incluso una reducción del otro a "objeto para mí mismo" (objeto de concupiscencia, de "apropiación indebida", etc. "(*AUDIENCIA GENERAL miércoles 6 de febrero de 1980***).**

Para mí, el amor entre los esposos, se manifiesta continuamente, durante todo el día, toda la vida: a través de miradas, gestos, atenciones, abrazos, caricias, palabras, etc.

Pero hay momentos, en que ese sentimiento es tan grande, tan fuerte, tan intenso, que motiva a los esposos a entregarse el uno al otro; a darse plena y totalmente.

Esta unión íntima de los dos es la comunión de personas.

Dios dijo: por eso, "el hombre dejará a su padre y a su madre y se unirá con su mujer, y serán los dos una sola carne" (Mt.19, 5).

La relación íntima no es una meta, un objetivo. Es más bien, un medio para lograr un propósito.

Cuando la relación con la pareja no es egoísta, se busca la satisfacción del otro y no la de uno. Pero al lograrlo, esto produce la satisfacción propia.

Las muestras de amor entre los cónyuges, se deben expresar todo el día y de diferentes maneras.

Así, la unión íntima de los dos, es la consecuencia lógica de todas esas expresiones de cariño. Es la forma última, de decirle "te amo", a tu pareja. Es la entrega total, completa de tu yo al otro.

Diciéndole con este gesto: yo soy total y plenamente tuyo. Te pertenezco por completo y así me entrego a ti con todo mi amor

En la relación íntima, no es poseer, hacerla mía, tomarla, etc.; es más bien entregarse, mostrar físicamente, el amor de uno por el otro, de la forma más completa.

Es la unión de los dos, de tal manera, que ya no son dos cuerpos, sino uno.

Es la entrega total del uno al otro, es darse plenamente, es la sumisión del yo, al otro, para el bien y el placer del otro.

No debe ser una relación egoísta, en la que se busca sólo el placer propio: el placer de uno, a través de esta relación íntima, debe ser como consecuencia, de la satisfacción que produzcamos a nuestra pareja.

En muchos libros, por no decir en todos los que he leído, sobre el tema de la relación intima entre los esposos, se habla, de la preparación para ese momento especial.

La mayoría sugieren, que se ponga una música suave, la alcoba en penumbra, que la mujer use una prenda de vestir sexy provocativa a los sentidos del hombre.

Al hombre le sugieren, brindar una copa de vino para cada uno, etc.

Todo eso, parece muy bien, pero es una apelación a los sentidos, es lograr la motivación física del otro, es por tanto, desde mi punto de vista, un enfoque egoísta.

En realidad todo esto, lo que esta buscando es la satisfacción física per se.

Es decir, la relación íntima se convierte en un fin y no en un medio.
Es un deseo carnal: algunos llegan al extremo, de usar películas pornográficas, libro de posiciones, etc....para lograr su propósito, de excitar a su cónyuge.

No es la expresión del amor del uno por el otro.

Cuando, por el contrario, se busca la relación íntima, para mostrar el amor de forma total y completa, del uno por el otro, sí podemos hablar de que el acto sexual, tiene un fin en sí mismo.

Para mí, la "preparación" se realiza todo el día, durante toda la vida.

Si existe entre la pareja, una relación de cariño, de respeto; y ese cariño se demuestra con gestos, actos, y palabras agradables; la relación intima surge naturalmente, como un medio para expresar el amor de manera total, como lo expliqué anteriormente.

En mi caso, yo le digo a mi esposa más de 10 veces al día que la quiero.

Cada vez que estamos cerca, le doy alguna muestra de cariño: la abrazo, le beso la cabeza, la mejilla, le paso las manos por la cabeza, le doy un masaje en los pies, en las piernas, o en la espalda, etc.

Cada vez que hace algo para mí, por ejemplo, darme un poco de café, le doy las gracias y le acaricio las manos, o el brazo.

Elena, también, hace cosas similares.

Ella, por ejemplo, me abraza por detrás, cuando yo estoy sentado, me acaricia los hombros, pega su mejilla a la mía y susurra a mi oído: "viejo, te quiero mucho".

Me trae un vaso de agua o de jugo y me dice: "te traje agua, pues tienes ya un tiempo aquí y no has tomado nada".

Son maneras tangibles, de mostrar su amor por mí.

A esto yo le llamo, amor en acción.

Ahora bien, si durante todo el día, la relación es distante entre los esposos, si no es agradable, si no intercambian palabras cariñosas entre ellos; sino que, en cambio, se ofenden, se insultan el uno al otro, es lógico que no puede haber deseo de tener una relación intima.

En situaciones como estas, uno de los cónyuges, casi siempre el esposo, recurre a todos esos medios de seducción: música, vino, alumbrado con vela, etc.; para poder poseer a su pareja.

Esto es lo que yo llamo, unión física animal, pues se apela únicamente a los sentidos, en interés de satisfacer, una necesidad biológica, de relación sexual.

Esto no es, por tanto, una manera de expresar el amor del uno por otro.

Otros autores, hablan del juego amoroso, que precede al acto sexual.

Casi todos ellos, afirman que son válidas, todo tipo de caricias y de acciones entre los esposos, incluyendo las caricias oro genitales y aun la penetración en el ano, siempre y cuando la eyaculación, se produzca dentro de la vagina femenina.

Los que sugieren este tipo de caricias, las justifican, según ellos, porque la Iglesia no las ha condenado.

Yo estoy en total DESACUERDO con los que así afirman.

Las caricias oro genitales y la penetración anal, son manipulaciones de uno de los cónyuges, de parte del otro. Es una acción egoísta y puramente centrada en el acto físico sexual.

No es la manifestación del amor del uno por el otro. Característica esta, que debe formar parte, de toda relación íntima entre esposos.

Además, estos dos tipos de acciones, "juegos amorosos", dañan la relación pura y santa del acto sexual conyugal.

Puede que la Iglesia, no haya dicho nada directamente, sobre este tipo de acciones. Pero todas sus enseñanzas, las Sagradas Escrituras, los escritos de los sumos pontífices, nos enfatizan la dignidad de la persona humana.

Por ejemplo, uno de los legados más importantes, de Juan Pablo II a la Iglesia Universal, fue la explicación que él hizo, de la relación entre el hombre y la mujer, su comunión, la comunión de personas, a través de la cual, el hombre y la mujer, experimentan, la presencia y la acción de Dios en sus vidas.

Es importantísimo, que nos familiaricemos con la Teología del Cuerpo, ese gran regalo que nos hizo, nuestro querido y recordado santo padre, el ahora Beato Juan Pablo II.

La Teología del Cuerpo, designa el contenido, de las 129 Catequesis sobre el amor humano, presentadas por el Santo Padre, durante las audiencias públicas de los miércoles, desde 1979 a 1984.

Los momentos de intimidad entre esposos, deben estar impregnados de la pureza y la dignidad, con la que Dios creó al hombre y a la mujer.

Recordemos lo que nos dice La Palabra de Dios:

"Hagamos al hombre a nuestra imagen y semejanza....y creó Dios al hombre a su imagen. ...A imagen de Dios los creó. Hombre y mujer los creó" (Gen.1, 26-27).

El hombre y la mujer, son semejantes a Dios en su solitud, nos dice Juan Pablo II, pero esa semejanza se manifiesta, en toda su realidad, en la comunión de personas: aquí los cónyuges se convierten en colaboradores de Dios, si están abiertos a la vida. (*Audiencia General 14 de Nov. de 1979, #s 3 y 4*).

La relación nupcial entre los cónyuges, debe tener como modelo el amor nupcial de Cristo Esposo y la Iglesia Esposa. Este debe ser el fundamento de todo matrimonio católico.

Jesús se entregó a la iglesia, Su esposa, con todo Su ser: cuerpo, alma y divinidad.

Cuando los esposos se entregan, el uno al otro, de esta manera, realizan el acto más noble y sublime que pueden hacer.

Entrega total, sana, santa, sin egoísmos, y sólo por el bien del otro. Están imitando así, la donación que Cristo hizo a Su esposa, la iglesia, en La Cruz, y que sigue haciendo en la Eucaristía hasta el final de los tiempos.

Juan Pablo II, nos dice, con la claridad y profundidad que acostumbra,

"La virtud de la castidad conyugal, y todavía más, **el don del respeto** a lo que viene de Dios, modelan la espiritualidad de los esposos **a fin de proteger la dignidad** particular de ese acto.
El obstáculo a esta libertad viene de la interior coacción de la concupiscencia, dirigida hacia el otro "yo" como objeto de placer. El respeto a lo que Dios ha creado libera de esta coacción, libera de todo lo que reduce al otro "yo" a simple objeto: corrobora la libertad interior de este don.

Esto sólo puede realizarse por medio de una profunda comprensión de la dignidad personal, tanto el "yo" femenino como del masculino en la convivencia recíproca. Esta comprensión espiritual es el fruto fundamental del don del Espíritu que impulsa a la persona a respetar la obra de Dios." (*Audiencia General 21 de noviembre de 1984, #s 2,3 y 4*).

Después de leer y comprender, **la pureza y la dignidad del cuerpo humano, por designio del Creador**, y la explicación que nos da, el Santo Padre Juan Pablo II, no podemos más que maravillarnos, del Amor con que Nuestro Padre Celestial, nos ha amado desde el inicio.

Pero hay algo más, San Pablo, conociendo **lo testarudo** que somos; y quizás, recordando que Jesús dijo a los fariseos:

"Moisés viendo **lo tercos** que eran ustedes, les permitió, dar un certificado de divorcio, a sus mujeres" (Mt 19, 3-9).

Y, sabiendo el Apóstol, que siempre buscamos una excusa, para satisfacer nuestros deseos, nos dice con firmeza:

"¿No saben que ustedes son templo de Dios y que el Espíritu de Dios habita en ustedes? 17 Si alguno destruye el templo de Dios, Dios lo destruirá a él. **Porque el templo de Dios es sagrado, y ustedes son ese templo"** (ICor.3, 16-17).

Y agrega el Apóstol, en su carta a los Tesalonicenses, para que no quede duda alguna:

"1 Por lo demás, hermanos, les rogamos y les exhortamos en el Señor Jesús, que vivan conforme a lo que han aprendido de nosotros sobre la manera de comportarse para agradar a Dios. De hecho, ustedes ya viven así: hagan mayores progresos todavía.2 Ya conocen las instrucciones que les he dado en nombre del Señor Jesús.3 **La voluntad de Dios es que sean santos,** que se abstengan del pecado carnal,4 **que cada uno sepa usar de su cuerpo con santidad y respeto,5 sin dejarse llevar de la pasión desenfrenada, como hacen los paganos que no conocen a Dios.**6 Que nadie se atreva a perjudicar ni a dañar en esto a su hermano, porque el Señor hará justicia por todas estas cosas, como ya se lo hemos dicho y atestiguado.7 **Dios, en efecto, no nos llamó a la impureza, sino a la santidad.**8 Por eso, el que desprecia estas normas, no desprecia a un hombre, sino a Dios, a ese Dios que les ha dado su Espíritu Santo." (1Tes 4, 1-8).

Después de leer y meditar, todas estas expresiones, ¿aún creen que la iglesia debe especificar, lo que no se debe hacer, en cada caso?

¡Para nosotros, todo está clarísimo!

Pero deseo presentarles una analogía, apelando a un razonamiento puramente humano.

Supongamos, que un padre de familia dice a sus hijos: "tengan mucho cuidado en la casa, pues su madre y yo, hemos comprado un cristal muy fino, lindísimo, pero muy frágil".

Un día, uno de los hijos, caminaba cerca del cristal, con un vaso en las manos, y este tocó el cristal. Se produjo, entonces, un sonido muy agradable. El joven, comenzó a golpear, suavemente, el cristal con el vaso, deseando oír de nuevo, el agradable sonido. Lo hizo varias veces, y el cristal se rompió.

¿Fue apropiada la conducta de este hijo?

Si razonáramos, de manera similar, a como lo hacen los teólogos, que justifican los juegos oro genitales y anales, porque la Iglesia no ha dicho lo contrario; podríamos concluir, que el hijo que golpeó el cristal actuó correctamente.

¡No queridos amigos!, sabemos que la conducta de este joven, fue equivocada.

Todos, llegaríamos a esta conclusión, si comprendemos, en su totalidad, lo que su papá le quiso comunicar, cuando le dijo a sus hijos: el cristal que compramos es muy lindo y frágil, ¡Tengan Cuidado!

¿Tenía el padre de familia, que explicarle a los hijos, todo lo que no podían hacerle al cristal? ¡Claro que no!

Por un razonamiento similar, es ilógico pensar, que porque la IGLESIA, no ha dicho explícitamente, que no se deben practicar, este tipo de caricias como juegos amorosos, tenemos la libertad para realizarlos.

Ella, la Iglesia, nos ha explicado la santidad, la pureza y la dignidad del cuerpo humano; como nos lo han transmitido, el Beato Juan Pablo II y el Apóstol San Pablo.

Recordemos, cuando Jesús, después de explicar una parábola, dijo: "El que tenga oídos que, oiga" (MT13, 43).

Es decir, Jesús mismo, después de explicar algo, consideraba que lo que se había dicho, era suficiente, para que los oyentes, entendieran cómo debían proceder en el futuro; en base a los señalamientos expuestos.

"Dios ha asignado, como un deber a cada hombre, la dignidad de cada mujer" JPII.

¡Qué El Señor los ilumine, con Su Santo Espíritu!

Por otro lado, es importante también, mantener un adecuado cuidado físico de sus cuerpos.

Por ejemplo, cuando mi esposa me conoció, yo era una persona muy activa. Practicaba varios deportes: beisbol, racket ball, natación y boxeo. Además, hacia ejercicios físicos con pesas.

En otras palabras, mi cuerpo estaba físicamente bien proporcionado.

Yo he tratado, de mantener mi cuerpo, en condiciones similares, a las que tenía, cuando mi esposa me vio la primera vez.

También, el aseo personal es de suma importancia.

Es preciso señalar, que el aseo completo del cuerpo, de los dos cónyuges, es una delicadeza del uno al otro, antes de la relación íntima

De seguro que, cuando estabas tratando de llamar la atención, de la que es ahora tu pareja, te arreglabas y aseabas, de manera especial para ella (él). Pues ahora, lo debes hacer con mayor razón. Ella (él) sólo quiere ser halagado por ti y sólo tú. Él o ella lo merece.

Recuerdas, "es tu pareja para toda la vida", no lo olvides nunca.

Además, las Sagradas Escrituras nos dicen, que el cuerpo del esposo pertenece a la esposa y el de la esposa pertenece al esposo. (1Cor 7, 4).

Es necesario, pues, que cuidemos esmeradamente el cuerpo nuestro, que pertenece a nuestro conyugue y al Señor.

Logremos esas miradas y sonrisas, de satisfacción y alegría, cuando nuestro(a) compañero(a) nos mire.

Todo lo que tenemos, es un regalo de Dios. Por eso, cuando realicemos cualquier actividad, agradezcámosle a El.

El libro de Tobías nos relata, que la noche que Tobías se unió a Sara; ellos oraron al Señor, y El les dio Su bendición.

"Tobías se levantó de la cama y dijo a Sara: «Levántate, hermana, y oremos para pedir al Señor que nos manifieste su misericordia y su salvación».5 Ella se levantó, y los dos se pusieron a orar para alcanzar la salvación. El comenzó así: «¡Bendito seas, Dios de nuestros padres, y bendito sea tu Nombre por todos los siglos de los siglos! ¡Qué te bendigan los cielos y todas tus criaturas por todos los siglos!6 Tú creaste a Adán e hiciste a Eva, su mujer, para que le sirviera de ayuda y de apoyo, y de ellos dos nació el género humano. Tú mismo dijiste: «No conviene que el hombre esté solo. Hagámosle una ayuda semejante a él».7 Yo ahora tomo por esposa a esta hermana mía, no para satisfacer una pasión desordenada, sino para constituir un verdadero matrimonio. ¡Ten misericordia de ella y de mí, y concédenos llegar juntos a la vejez!».8 Ambos dijeron: «¡Amén, amén!"(Tobías 8, 4-8).

Les recomiendo que antes de tener una relación íntima, oren y ofrézcanla a Dios, pidiéndole al mismo tiempo, que les de las gracias de no ofenderlo, al manifestarse el amor de esa manera.

Capítulo IVd. LAS TENTACIONES

No importa lo que tú hagas para evitarlo, las tentaciones llegarán.
El enemigo, satanás, no se quedará inerte; él tratará de hacerte caer.

Así como nuestro Señor estará haciendo todo lo posible, por ayudarnos a elegir siempre la opción correcta, en todas las ocasiones que tomamos una decisión, el enemigo, satanás, nos tratará de llevar por el camino errado.

No creas que estarás libre de tentaciones, porque vas a misa todos los días, porque practicas los demás sacramentos, etc. ¡No!, el demonio te perseguirá toda tu vida.

Por eso, debemos alejarnos de las tentaciones.

Recordemos como satanás confundió a Eva en el Paraíso.

En el libro del Génesis, encontramos este pasaje, sobre la tentación y el pecado del hombre:

"1 La serpiente era el más astuto de todos los animales del campo que el Señor Dios había hecho, y dijo a la mujer: «¿Así que Dios les ordenó que no comieran de ningún árbol del jardín?»2 La mujer le respondió: «Podemos comer los frutos de todos los árboles del jardín.3 Pero respecto del árbol que está en medio del jardín, Dios nos ha dicho: «No coman de él ni lo toquen, porque de lo contrario quedarán sujetos a la muerte».4 La serpiente dijo a la mujer: «No, no morirán.5 Dios sabe muy bien que cuando ustedes coman de ese árbol, se les abrirán los ojos y serán como dioses, conocedores del bien y del mal».6 Cuando la mujer vio que el árbol era apetitoso para comer, agradable a la vista y deseable para adquirir discernimiento, tomó de su fruto y comió; luego se lo dio a su marido, que estaba con ella, y él también comió. 7 Entonces se abrieron los ojos de los dos y descubrieron que estaban desnudos."(Gn3, 1-7).

Eva cometió el error, de ponerse a dialogar con el enemigo. Este es un ser espiritual, mucho más hábil que nosotros, seres humanos. Lo mejor es alejarse de él, es decir, de las tentaciones.

No sobreestimemos nuestras fuerzas. Es muy cierto cuando se dice, la carne es débil:

"41 Estén prevenidos y oren para no caer en tentación, porque el espíritu está dispuesto, pero la carne es débil) (Mt 26, 41).

Así es, que si te ves en una situación de peligro, de cometer cualquier acción pecaminosa ¡Aléjate!, ¡HUYE! Eso es ser sensato y valiente.
El demonio se atrevió a tentar, incluso a Jesús (Lc 4,1-13).

Al no poderlo hacer pecar, el diablo, dice La Palabra de Dios: "13 Una vez agotadas todas las formas de tentación, el demonio se alejó de él, **hasta el momento oportuno**" (Lc 4, 13).

Es decir, el demonio nunca abandona su propósito, de hacernos caer en el pecado.

Deseo incluir en esta parte, unos consejos de San Pablo, dirigidos a los Efesios, y a todo el pueblo Cristiano:

"10 Por lo demás, fortalézcanse en el Señor con la fuerza de su poder.11 Revístanse con la armadura de Dios, para que puedan resistir las insidias del demonio.12 Porque nuestra lucha no es contra enemigos de carne y sangre, sino contra los Principados y Potestades, contra los Soberanos de este mundo de tinieblas, contra los espíritus del mal que habitan en el espacio.13 Por lo tanto, tomen la armadura de Dios, para que puedan resistir en el día malo y mantenerse firmes después de haber superado todos los obstáculos.14 Permanezcan de pie, ceñidos con el cinturón de la verdad y vistiendo la justicia como coraza.15 Calcen sus pies con el celo para propagar la Buena Noticia de la paz.16 Tengan siempre en la mano el escudo de la fe, con el que podrán apagar todas las flechas encendidas del Maligno.17 Tomen el casco de la salvación, y la espada del Espíritu, que es la Palabra de Dios." (Ef.6, 10-17).

Al leerlos, nos daremos cuenta, de que están destinados para nosotros también.

San Pablo, a través de estas Palabras, nos esta enfatizando, la importancia de la oración.

Recordándonos, así, que nuestras fuerzas solas no son suficientes, para enfrentarnos, a los ataques del demonio y sus secuaces.

Para ilustrar, que no debemos olvidar, en ninguna circunstancias, que el enemigo está siempre buscando, el momento adecuado para hacernos caer en su trampa, les voy a relatar una de las muchas situaciones, que me tocaron vivir directamente.

Yo tuve la oportunidad de trabajar en el que era, en ese momento, el grupo financiero más grande, en la República Dominicana.

Ocupé una alta posición, en el Banco de ese grupo.

Existe la creencia, y parece que es cierta, que en los restaurantes y bares de mucho prestigio, se presentan oportunidades para hacer negocios, pues muchos ejecutivos de grandes empresas, suelen visitar esos lugares.

Por tanto, era costumbre de los gerentes, y ejecutivos de cuentas corporativas de mi banco, dirigirse a esos sitios al terminar las labores.

Pero en esos lugares, también se desarrolla una gran actividad social y se toma mucho alcohol.

Los funcionarios del Banco solían invitarme, y cuando yo me negaba me decían: "usted esta dominado por su esposa".

A lo que yo contestaba: la realidad es que mi esposa me esta esperando, y yo tengo un gran deseo de verla.

Evitar los lugares de posibles tentaciones, no es de cobardes, es por el contrario, de hombres y mujeres muy valientes.

Es importante, también, tener claro en la mente, que no debemos intimar con nadie, que no sea nuestra(o) esposa(o).

Hay que crear conciencia, de lo débil que es la naturaleza humana; y lo hábil y astuto que es, el enemigo de nuestra alma.

Para no duplicar información, favor de revisar los temas de castidad del Capítulo I.

San Agustín nos advierte, a cada uno, con estas palabras:

"Tal es el combate que tienes que sostener: una lucha continua contra la carne, el demonio y el mundo.

Pero no temas; porque aquel que nos manda pelear no es un espectador indiferente, ni tampoco te ha

dicho que confíes en tus solas fuerzas" St. Agustín
(Serm. 344,1).

Capítulo IVe. EL AMBIENTE DEL HOGAR Y SU INFLUENCIA, EN EL DESARROLLO Y PERSONALIDAD DE LOS HIJOS

Durante el noviazgo, Elena y yo dialogamos mucho, sobre nuestro futuro hogar.

Abordamos todas las áreas que lo componen.

Una de las partes, quizás la de mayor importancia, se refiere a la llegada de los hijos con los que El Señor, bendecirá nuestra unión.

Llegamos incluso a pensar, que cuatro hijos, seria un número adecuado; que nos permitiría, crear las condiciones ideales, para lograr, un desarrollo sano e integral de toda la familia, especialmente de los niños.

Teníamos una conciencia clara, del efecto que tiene el ambiente del hogar, en el desarrollo saludable, equilibrado y feliz de los hijos.

Además, sabíamos el papel de la familia, en la creación de una sociedad y un mundo mejor para todos.

A los 11 meses de habernos casados, el Señor bendijo el hogar que Elena y yo habíamos formado; nació nuestro primer hijo: un hermoso y saludable niño, Manuel.

La felicidad inundó nuestros cuerpos, de una manera nueva y total. ¡Éramos papas!

¡Qué sentimiento tan lindo y tan tierno, sentimos por esa criatura, que el Señor, había puesto a nuestro cuidado!

A medida que pasaban los días, nuestro amor por Manuel crecía, lo mismo que el sentimiento de alegría, por tenerlo con nosotros; pero también nos dimos cuenta, de la gran responsabilidad que teníamos para con él.

Era necesario alimentarlo, asearlo y cuidarlo. Pero éramos conscientes, de que debíamos hacer todo eso, con mucho amor y ternura. De tal manera, que Manuel lo pudiese percibir. Así, él se sentiría querido y protegido.

Por otro lado, nos ocupamos de que no hubiese, ruidos fuertes dentro del apartamento. Incluso al hablar, lo hacíamos con un tono de voz, que no lo sobresaltase.

Recuerden, era nuestro primer hijo, y estábamos aprendiendo a ser padres.

Manuel nació en Carolina del Norte, en Estados Unidos, donde yo estaba haciendo los estudios de Postgrado, enviado por la Pontificia Universidad Católica Madre y Maestra.

Su nacimiento ocurrió en noviembre, unos 3 meses después de haber iniciado los estudios, en esa universidad.

Elena no hablaba inglés, y yo tenia mucha dificultad con el acento de los sureños, a quienes escuchaba por primera vez.

Además, en el área que vivíamos, sólo una pareja de puertorriqueños, hablaban español.

En realidad, creo que en todo Chapel Hill, el pueblo donde nació Manuel, nadie más hablaba español. Por lo menos, nosotros no encontramos a nadie más, en los primeros meses en esa ciudad.

Con esto quiero decirles, que Elena y yo tuvimos que aprender a vivir solos, nuestra nueva condición de padres. No abuelos, no hermanos, etc.; que pudiesen ayudarnos, en esos primeros meses.

Nadie, relacionado con nosotros, asistió a ese momento tan crucial, para la vida de una nueva pareja.

Elena, apenas con 20 años de edad, tenia la responsabilidad de madre y esposa.

Yo pasaba el día en la universidad, y ella se ocupaba de todo lo del hogar.

Dios y la Santísima Virgen María, la ayudaron grandemente, pues ella pudo hacer esas labores a la perfección.

¡Teníamos un hogar! Un verdadero hogar para Manuel, Elena y yo.

Nosotros estábamos haciendo nuestra parte, y Dios estaba haciendo la suya.

¡Benditos sean Jesús y Nuestra Madre Celestial!, a quienes orábamos con mucha devoción, desde el inicio de nuestra relación.

A los 9 meses de haber nacido Manuel, Elena pudo viajar con él a Santiago, República Dominicana. Así, la familia de Elena y la mía, pudieron conocer y disfrutar a Manuel, por primera vez.

Yo no pude acompañarlos, por razones de estudios y razones económicas.

Desde esa primera experiencia como padres, decidimos crear un ambiente agradable para los tres.

Nunca hablaríamos en alta voz, nunca discutiríamos nuestras diferencias, delante de Manuel, ni de los demás hijos, que Dios nos regalase.

Además, acordamos respetar siempre, la decisión que uno de los dos tomase, con uno de nuestros hijos.

Si pensábamos que la decisión, corrección o castigo, tomada por uno de los dos, era inadecuada, el otro se lo dejaría saber en privado, es decir, nunca delante de los niños.

De esta manera, tratábamos de que no perdiésemos autoridad, como padres, delante de los niños.

Lo haríamos con mucha dulzura y tacto, siempre pensado, en el bienestar de los niños y en el ambiente del hogar.

La persona que había tomado la decisión, debía hacer la corrección que fuese requerida, en un momento adecuado; señalando al niño o a los niños, lo que hubiese estado inadecuado, pidiendo excusa, en caso necesario.

Esta manera de proceder, nos dio muy buenos resultados.

Luego de tres años en Estados Unidos, regresamos a Santiago, República Dominicana.

Después de algún tiempo, el Señor nos envió nuestro segundo regalo, Jennifer, una hermosa niña.

¡Teníamos un varón y una hembra, que alegría más grande!

Sin embargo, Dios nos dejo a Jennifer sólo por 9 meses.

Elena y yo estamos de acuerdo en reconocer, que Jennifer, es la primera de nuestra familia, en llegar al cielo. Es decir, nuestra familia tiene un angelito, que ora por nosotros y que nos quiere, como sus padres y hermanos.

De esta experiencia les contaré más adelante.

Miren ahora cómo procede, nuestro Padre Celestial.

Quizás para compensar por esa pérdida, el Señor nos envió un par de mellizas: Ivette y Eileen.

¡Cuán delicado y amoroso es Nuestro Dios!

¡Gracias Señor! ¡Gracias Madre Nuestra!

Ellos habían escuchados, nuestras peticiones en oración y las habían complacido.

Por último, nos llegó otro regalo: ¡Angie! Ella venia a completar, la familia que habíamos planificado en el noviazgo: Elena, yo y 4 hijos.

¡Bendito sea Dios! ¡Aleluya!
El ambiente que exista en el hogar, afectará la personalidad, de todos los que componen esa familia. Especialmente, la de los niños.

Hay infinidad de medidas, que se pueden adoptar, para lograr la atmosfera ideal, que facilite el desarrollo, sano y equilibrado de los hijos.

Les voy a relatar, ahora, a manera de ejemplo, lo que nosotros hicimos, en nuestro hogar para lograrla.

Elena y yo aplicamos, con mucha fidelidad, lo que habíamos planeado durante el noviazgo, y al inicio del matrimonio, para hacer de nuestro hogar, un lugar agradable, ordenado, con mucho amor y respeto, entre todos, y de uno para el otro.

Nuestro objetivo principal, era crear ese ambiente, que permitiese y fomentase en los niños, un crecimiento sano y equilibrado. Que los ayudase, a crear una personalidad, una actitud, de respeto y solidaridad, para con los demás miembros del hogar, y de la sociedad, en que desarrollasen sus vidas.

Esa manera de actuar, pensamos Elena y yo, las llevarían con ellos, a la escuela, al trabajo, etc.

Para lograr ese propósito, entre otras cosas, decidimos lo siguiente:

-Hacer un ambiente, en el hogar, físicamente acogedor.

Elena y yo hemos puesto mucho cuidado, en que nuestro hogar, fuese siempre cómodo y agradable a la vista.

Para materializar eso, Elena se preparó de tal manera, que no puedo describirlo fácilmente; mejor les relato lo que ella hizo.

Tanto, durante el noviazgo, como después del matrimonio, Elena se dedicó a conocer, todos los aspectos que comprenden el hogar: la alimentación, la decoración y sobre todo, la vida espiritual y religiosa.

Ella los dominó todos a tal grado, que hizo para mí, nuestros hijos, y para ella misma, un lugar, nuestro hogar, tan agradable, que todos deseábamos llegar a nuestra casa, cuando estábamos fuera de ella.

Aprendió costura, hizo curso de cocina: básica, gourmet y especial.

Además, tomó cursos de repostería, de cerámica, de decoración interior y de jardinería.
Todo eso, sólo para nosotros. Nunca tuvo que trabajar fuera de la casa, gracias a la generosidad de nuestro Padre Celestial, con nuestra familia

No puedo enfatizar lo suficiente, lo importante que fue para nuestra familia, para el ambiente que existió siempre en nuestro hogar, el hecho de que Elena estuviese siempre en la casa, mientras yo estaba en el trabajo exterior.

¡Qué impacto tan positivo para los niños, el que uno de los padres, sobre todo la madre, este siempre a su lado, especialmente, en los primeros años de sus vidas!

Yo se que ahora es casi imposible, que esta situación se pueda dar.

Por razones sociales y principalmente económicas, los dos padres tienen que trabajar fuera, para completar el presupuesto familiar.

Pero si eso fuese posible, el que uno de los padres, se quede en el hogar con los hijos, se lo recomiendo, por lo menos, hasta que los niños comiencen a ir regularmente a la escuela, es decir, hasta la edad de 5 años.

Por el contrario, si se adopta la decisión, de que ambos trabajarán fuera, les sugiero planificarlo de tal manera, que uno de los dos este en la casa, cuando los niños estén en ella.

Por otra parte, por sus características femeninas, la mujer puede aportar mucho, en el trabajo, y en los demás ambientes donde desarrolle sus actividades.

Por ser muy relevantes para esta posible dualidad de la mujer como madre-esposa y trabajadora, presento aquí, algunas ideas expresadas por el Cardenal Ratzinger, nuestro actual Santo Padre Benedicto XVI:

"13.Entre los valores fundamentales que están vinculados a la vida concreta de la mujer se halla lo que se ha dado en llamar la "capacidad de acogida del otro"..., la mujer conserva la profunda intuición de que lo mejor de su vida está hecho de actividades orientadas al despertar del otro, a su crecimiento y a su   protección.

En tal perspectiva se entiende el papel insustituible de la mujer en los diversos aspectos de la vida familiar y social que implican las relaciones humanas y el cuidado del otro.

Es conveniente, por tanto, que las mujeres estén presentes en el mundo del trabajo y de la organización social, y que tengan acceso a puestos de responsabilidad que les ofrezcan la posibilidad de inspirar las políticas de las naciones y de promover soluciones innovadoras para los problemas económicos y sociales.

Sin embargo, las mujeres que libremente lo deseen podrán dedicar la totalidad de su tiempo al trabajo doméstico, sin ser estigmatizadas socialmente y penalizadas económicamente. Por otra parte, las que deseen desarrollar también otros trabajos, podrán hacerlo con horarios adecuados, sin verse obligadas a elegir entre la alternativa de perjudicar su vida familiar o de padecer una situación habitual de tensión, que no facilita ni el equilibrio personal ni la armonía familiar. Como ha escrito Juan Pablo II, "será un honor para la sociedad hacer posible a la madre -sin obstaculizar su libertad, sin discriminación sicológica o práctica, sin dejarle en inferioridad ante sus compañeras- dedicarse al cuidado y a la educación de los hijos, según las necesidades diferenciadas de la edad". *(Congregación para la Doctrina de la Fe.-Fechada el 31 de mayo, 2004; publicada el 31 julio, 2004 y escrita por Joseph Card. Ratzinger Prefecto).*

Además, les incluyo estas palabras de Juan Pablo II, en su Carta a Las Mujeres:

"Te doy gracias, *mujer-hija* y *mujer-hermana,* que aportas al núcleo familiar y también al conjunto de la vida social las riquezas de tu sensibilidad, intuición, generosidad y constancia.

Te doy gracias, *mujer-trabajadora,* que participas en todos los ámbitos de la vida social, económica, cultural, artística y política, mediante la indispensable aportación que das a la elaboración de una cultura capaz de conciliar razón y sentimiento, a una concepción de la vida siempre abierta al sentido del « misterio », a la edificación de estructuras económicas y políticas más ricas de humanidad."*(Vaticano, 29 de junio, solemnidad de los santos Pedro y Pablo, del año 1995*).

Estas ideas y aportaciones del Cardenal Ratzinger y de Juan Pablo II, pueden ser muy útiles para que las parejas tomen la decisión más conveniente, en su caso particular.

Otro aspecto que decidimos, para crear el ambiente ideal en el hogar, fue,

-Enseñar a los niños, la manera apropiada, de relacionarnos entre nosotros.

Esa relación, debíamos hacerla, con respeto, responsabilidad, delicadeza, cortesía, amabilidad, bondad, ternura, equidad, justicia, honestidad, solidaridad, y sobre todo, con mucho amor.

Debían aprender, a pedir disculpas y a perdonar, cuando fuese necesario

También les enseñaríamos, lo importante de ayudarnos unos a otros.

Esto se lo explicábamos de palabras, y lo respaldábamos con la forma en que lo hacíamos, con ellos y entre nosotros dos.

Por ejemplo, Elena y yo nos tratamos siempre, con mucho cariño y respeto. Pero, además, delante de los niños nunca discutíamos, al contrario, nos dábamos muestras de cariño: abrazos, besos en la mejilla, en la cabeza, y nos decíamos frases cariñosas y de agradecimientos, con mucha frecuencia.

-Poner reglas de convivencia y de comportamientos, que debían observar los niños fielmente.

Habíamos leído que la consistencia, en la aplicación de las reglas, era de vital importancia, para lograr el propósito deseado a través de ellas.

Decidimos, entonces, que las reglas debían ser pocas, justas, y aplicables.

Además, les explicaríamos, el propósito de cada una de ellas, de manera que las entendiesen; y todos y cada uno, pudiésemos cumplirlas.

Ejemplo de una regla:

-Al regreso de la escuela, deben: lavarse las manos, quitarse los uniformes, ponerse ropa de estar en la casa, colocar utensilios escolares en su lugar, y prepararse para la comida.

Esta fue una regla que establecimos, cuando los hijos estaban en la escuela primaria.

En la República Dominicana de esa época, durante los años 70 e inicio de los 80, la familia completa participaba junta, del almuerzo, alrededor de la 1pm.

Si alguno de los niños, no hacia lo que se había decidido, se le exigía que lo hiciese, con ternura y amor, pero con mucha firmeza.

En la consistencia en la aplicación de las reglas, que se decidan para el hogar, esta la base del éxito de las mismas.

Como ilustración, deseo ejemplarizar lo de la consistencia, con el caso de Amelia.

Amelia es nuestra segunda nietecita.

Cuando ella tenía unos 4 años, sus padres compraron una casa, y nos pidieron a Elena y a mí, que les ayudásemos con la mudanza. Así lo hicimos.

Cuando llegamos a la casa nueva, con el primer cargamento de objetos del hogar, Amelia se inclinó para quitarse los zapatos; su papá le dijo: ¡Amelia!, déjate puesto los zapatos y entra así a la casa.

La niña lo miró, pero continuo zafándose los zapatos.

Su papá tuvo que insistirle mucho, para que Amelia obedeciese.

La razón del comportamiento de Amelia, era la siguiente:

En la casa anterior, se le había dicho a ella, que no podía entrar a la casa, con los zapatos puestos. Esto, sus padres se lo habían hecho cumplir fielmente, por espacio de un año.

Miren como la consistencia, en la aplicación de esa medida, había creado en Amelia, un hábito tan arraigado en su mente, que le era difícil cambiar.

Para no hacer muy extensa esta parte del libro, debo decirles, que a medida que los hijos crecen, surgirán nuevas reglas y otras desaparecerán.

Cuando las reglas que establecíamos, se podían aplicar a nosotros, las respetábamos también. Es decir, predicábamos con el ejemplo

A manera de ilustración, cuando nuestros hijos llegaron, a una edad tal, que se les podía permitir salir con amigos, establecimos estas reglas:

-Si deseen salir con alguien, debemos saber: con quién van a salir, dónde es la actividad, a qué hora comienza y a qué hora termina. Nosotros, entonces, fijáremos la hora de regreso a la casa.

En los casos que Elena y yo teníamos que salir, le decíamos a los niños, dónde íbamos, y la hora a la que regresaríamos

-Nunca deben fumar, ni tomar alcohol.

Elena y yo nunca fumamos o tomamos alcohol. Esto no quiere decir, que no tomásemos una copa de vino, con la comida, en algunas ocasiones.

Ninguno de nuestros hijos fuma o bebe alcohol.
Después de adultos, todos y cada uno de ellos, nos agradecen estas reglas y medidas adoptadas en nuestro hogar.

Cuando tenían que cumplirlas, a veces las protestaban, pero al final comprendieron, el propósito y el beneficio para ellos, de esas medidas y reglas en el hogar.

Les presentaré, a continuación, unas muestras de lo que nos dijeron nuestros hijos, por escrito, después de ser adultos:

1. Algunos párrafos de una carta de Angie a mí del año 2002.

"....En este día de los padres, tú que eres el mejor de todos, no porque eres el que me tocaste, sino porque tienes un corazón tan hermoso, tan puro, tan limpio.

Me haz enseñado tanto papi. Gracias por cada valor inculcado, por cada corrección, por ayudar a tantas personas, por amar a mami como la amas. No sabes que gozo siento al ver lo grande de tu amor. Gracias por haberla hecho tan feliz todos estos años, por cuidarla y amarla.

Gracias Papi por amar al Señor, gracias, porque no se me hace difícil amarlo, porque se que debe ser muy parecido a ti...

Te prometo ser una persona con cualidades como tú, tener grandes valores, amar y ayudar a los demás como lo haces tú, amar a nuestra familia y cuidar de ella.

Gracias por ser, simplemente así como eres...

Que nuestro Padre del Cielo llene tu alma y corazón de Su paz y Su gozo, y Mamá María sea luz y guia en tu caminar a la santidad...."

2. Carta de Eileen a Elena y a mí, cuando cumplimos 38 años de matrimonio,

"De todo corazón Felicidades!!

Que el Señor Jesús les continúe bendiciendo y fortaleciendo en el amor. Y sobre todo que el Señor se continúe Glorificando en ustedes como matrimonio, y Gozándose al ver que todavía hay hijos suyos que Le invitan a caminar, que Le invitan a Ser el Centro de sus vidas, el Centro de su matrimonio, el Centro de sus familias.

A Ti Señor, Te agradezco por regalarles a ellos, el Tesoro más hermoso del mundo, que Eres "Tú".

Y las "añadiduras" que vienen al tenerte. Como el regalo de un verdadero Sacramento, el regalo de un verdadero amor...."

3. Carta de Manuel, en una tarjeta, el día de mi cumpleaños en el 2006.

La tarjeta trajo estas palabras:

"Por la forma en que llenas nuestra vida de familia con risas y tiempos felices, por tu calidez y comprensión, tu cuidado y tu amor, queremos que sepas, papá, cuanto te amamos y apreciamos todos los días del año"

"Papi ¡Felicidades!

Lo que dice esta tarjeta, resume como tú eres con nosotros, todo el tiempo. Un ejemplo maravilloso de lo que debemos imitar como hombre, esposo y padre. La verdad no se papi, cual de esas tres, de las muchísimas cualidades lindas y buenas que posees, es la más grande en ti. Simplemente en todas ellas eres lo máximo.

Gracias doy a Dios por ti, mami y mis hermanas,…"

4. Carta de Angie, en mi cumpleaños, en el 2011.

"Dios se manifiesta de muchas maneras, para llegar a sus hijos… a veces lo hace a través del aire, para acariciarnos; del sol, para calentarnos; del agua, para darnos vida. Pero Dios, en Su Amor y Sabiduría, pensó que necesitaba aún más, Su presencia tangible aquí en la tierra y creó la paternidad, para poder abrazarnos cuando sintiésemos miedo, para decir que nos levantáramos, cuando ya no teníamos fuerzas, para darnos amor sin medidas ni reservas.

No tengo palabras para decirte cuanto te amo padre mío, ni para agradecerle a mi Señor, el haberme dado un papá tan bueno, tan amoroso, tan incondicional.

Me haz puesto a mí, y a todos los que tienen la dicha de conocerte, un estándar muy alto para alcanzarte. Ojala, algún día mis hijos puedan verme con el orgullo y la admiración, con la que hoy yo puedo verte.

Eres quien más valores me has enseñado en mi vida, no con palabras, sino con hechos. Tú amor por tu esposa, mami, por cada uno de nosotros. Tu respeto a todas las personas, de cualquier nivel social, me llena de tanto orgullo..."

Las expresiones en estas comunicaciones, nos confirman que debemos hacer el esfuerzo para que nuestros hijos se nutran, de todas las reglas y valores, que les serán de gran utilidad para el desenvolvimiento en sus vidas, y en sus relaciones con los demás.

Para concluir esta sección, quiero relatarles la experiencia de una de nuestras hijas, con uno de los valores que le explicamos y predicamos en el hogar.

Cuando Angie, la más joven de nuestros hijos tenia 17 años, se le presentó la oportunidad de participar de un programa de intercambio, que le permitía a los jóvenes estudiantes pasar un año en otro país, alojados en la casa de una familia.

A Angie le tocó una familia en Bélgica que tenía 4 hijos: 2 hembras y 2 varones.

A los pocos días de Angie estar en esa casa, la mamá (así le decían a la señora, de la casa donde se alojaban), le entregó unas pastillas que debía tomar. Angie le preguntó el por qué. Ella le contesto: "para que no salgas embarazada".

Angie se sorprendió grandemente. Cuando pudo, le dijo a la señora: "si mi madre y mi padre saben esto, me obligan a regresar de inmediato".

Luego, le explicó, que en la mayoría de las familias, de la República Dominicana, y en especial en nuestro hogar, las jóvenes se mantenían virgen, hasta el momento del matrimonio.

En Bélgica era costumbre el que la joven, luego de cumplir sus 15 años, podía llevar su "novio" a dormir con ella, en su propia casa.

Les hago este relato, para que comprendamos como padres, que a pesar de nuestros temores, los valores que enseñamos en nuestro hogar, los hijos los asimilan y practican, cuando la situación se presenta.

Otros valores que cultivamos en el hogar, de palabras y de hecho: respeto a los padres y a los hermanos, respeto a los demás, responsabilidad por sus acciones, honradez, integridad, solidaridad, cortesía, etc.

Es importante destacar, que la personalidad del niño, quedará afectada, positiva o negativamente, dependiendo de las reacciones, de los demás miembros del hogar, sobre todo de sus padres, a lo que él haga o diga.

Debemos tener presentes, que todo ser humano, tiene la necesidad de sentirse acogido, aceptado, valorado, útil, etc.

Además, lo que creemos y pensamos de nosotros mismos, en realidad, esta determinado por lo que creemos, que los demás piensan y creen de nosotros.

Es decir, mi propia aceptación está en función de otras personas y no de mi mismo.

El concepto de mi, me lo comunican los demás, al relacionarse conmigo.

Si percibo que valgo, que soy útil, bueno, etc. Eso mismo llegaré a pensar de mi mismo.

En definitiva, lo que soy y como reacciono hacia los demás, ha sido determinado, por mi vida de relación con los demás.

Por tanto, en la relación en nuestra familia, en el trabajo, en la escuela, etc., debemos estar conscientes de esta gran realidad.

Procuremos, que nuestras acciones y reacciones hacia los otros, les ayuden a formar una autoimagen positiva de si mismos.

Si todos hacemos lo mismo, tendremos: personas buenas, sanas, alegres, etc.; familias unidas, solidarias, agradables, etc. Esto dará como resultado una sociedad y un mundo más justo y feliz.

Creo que esto vale la pena, cualquier esfuerzo que tengamos que hacer para lograrlo. ¿Por qué no intentarlo ahora, hoy?

¡Nunca es tarde para empezar, empieza ya!

A tu cónyuge, a tus hijos, hermanos, papá, mamá, etc., hazle saber, con tu comportamiento, en tu relación con ellos, que su opinión, su colaboración, su ayuda, etc., es querida, aceptada, deseada, etc.

Esto los ayudará a sentirse útil, querido, aceptado, deseado, etc. por los demás, y la satisfacción de sí mismo crecerá. Su autoestima será grande y positiva.

No hay otra necesidad más importante, pare el ser humano, que esta de ser aceptado y tomado en cuenta por los demás.

Si en la familia, todos creamos la conciencia, de que si aceptamos, acogemos, respetamos al otro, tal cual es, lograremos aumentar su autoestima.

La convivencia se hará bien agradable y fructífera, cuando todos los miembros del hogar, tengan una autoestima positiva.

Teniendo presente todos estos factores, es necesario que los padres corrijan, hablen y dialoguen con sus hijos, con mucho tacto y amor; para estimular en ellos, aquellos aspectos de su personalidad, que les serán de mucho provecho, cuando sean adultos.

Deseo enfatizar, una vez más, que los padres y los mayores en el hogar, debemos amar a los niños de manera incondicional. Es decir, nuestros hijos deben percibir que los amamos y ya. Que nuestro amor por ellos, no depende de lo que hagan o no hagan, sino que los amamos como son.

Evitemos el dar regalos, por ejemplo, si sacan buenas calificaciones en la escuela, y castigos si no lo hacen.

Acciones como estas, podrían llevar al niño a creer, que para ser querido y aceptado, debe hacer esto o aquello.

Este tipo de acciones y reacciones, podrían afectar seriamente, la personalidad del niño o la niña.

Su conducta como adulto, podría estar marcada por estas experiencias.

Es mucho mejor, que los niños perciban el amor, de los demás miembros del hogar, y en especial de los padres, como un amor por ellos mismos como personas.

Así nos ama nuestro padre Dios, nos ama independiente de nuestras conductas, pero como

Padre bueno, quiere que seamos mejores, cada día más.

Otro aspecto importante, que deben practicar las familias, es el de compartir juntos, siempre que esto sea posible.

Se debe hacer todo el esfuerzo, para compartir juntos, una de las comidas del día.

Quizás la cena, sea la opción más factible, en el mundo de hoy.

Aprovechar ese momento, para dar gracias a Dios, por los alimentos y todas las bendiciones, que recibimos de Él como familia, todos los días.

Cuando todos los miembros del hogar estén en la casa, se debe evitar aislarse uno de otros, mediante el uso (abuso), del celular, del IPod, de la TV o la PC.

Por el contrario, deben buscarse actividades o juegos, que les permitan a todos, compartir juntos como familia.

Lo más importante, es la oración en común.

El Santo Rosario, es una oración que ayuda mucho, a la integración de toda la familia, en una acción compartida por todos.

Es bueno que los padres, les enseñen a sus hijos, de palabras y con el ejemplo, lo esencial que es la práctica de su religión católica: asistiendo a misa, todos los domingos y días de fiestas religiosas; realizando el Sacramento de la Penitencia y la Confesión, por lo menos una vez al mes; participando en actividades, preparadas por la Iglesia para sus fieles, como cursos y retiros, que aumentan el conocimiento, de nuestra religión y afianzan nuestra fe.

Elena y yo acostumbramos, desde siempre, a nuestros hijos: a orar juntos e ir a misa, todos los domingos y fiestas de guardar; a conocer y practicar los Sacramentos; a dar gracias a Dios, por todo lo que nos regala diariamente; etc.

En la época que crecieron nuestros hijos, años 1970-1994, en la República Dominicana, era posible almorzar juntos, y así lo hicimos siempre.

Durante el almuerzo, dábamos gracias a Dios, y alternábamos entre los miembros, para que todos dirigiéramos, ese momento de intimidad familiar, y de gratitud, a nuestro Padre Celestial y a la Santísima Virgen.

Otra costumbre, que desarrollamos en nuestro hogar, y que aún vivimos, a pesar de haber transcurrido más de 40 años, fue la de salir a comer juntos, todos los domingos.

Esa era una práctica inflexible, comíamos y compartíamos como familia, y después los hijos se podían reunir, con amigos y relacionados.

Esta práctica se ahondo tanto, en cada uno de nosotros, que aun nuestros hijos, ya adultos; se unen a Elena y a mí, para salir y compartir el almuerzo, siempre que estén en la casa, o cerca de ella; pues algunos están casados.

Nuestros hijos recuerdan, con mucho agrado esa práctica.

Elena y yo aprendimos a disfrutar, con nuestros hijos, todas las actividades que podíamos compartir.

Por ejemplo, los viajes al extranjero lo hacíamos juntos.

Nunca Elena y yo nos íbamos de viaje solos. Esto únicamente lo hacíamos, si yo tenía que viajar en asuntos de negocios.

¡Cuánta alegría y confianza, se desarrollan entre los miembros de la familia, cuando se comparte de esa manera!

Para mí, esto se debe a que los integrantes del hogar, se llegan a conocer mejor, al compartir alegre y sanamente, esos momentos de vida familiar.

Ayudó mucho a esa situación, el hecho de que no existían los celulares, los IPod, etc.; que tanto separan, a los miembros de la familia hoy día.

Por eso, deseo enfatizarles, que cuando la familia este realizando una actividad común, se evite el que algunos de los integrantes, se pongan a oír música privada, a hablar por teléfono, o comunicarse por textos, etc.

Hay que disfrutar al máximo, los momentos que puedan compartir juntos.
Elena y yo le dimos tal importancia, a los momentos juntos familiares, que nunca permitimos, que hubiese TV, por ejemplo, en las habitaciones.

Considerábamos, que eso podía afectar la integración familiar, y nosotros habíamos hecho todo lo posible, para que la familia se mantuviese, fuertemente unida.

No quiero dejar de referirme al siguiente e importante aspecto, que muchas veces descuidamos como esposos.

Después que Dios bendice el hogar con hijos, la comunicación entre los cónyuges, casi siempre gira en torno a temas relacionados con los(as) niños(as).

A través del tiempo esto se hace tan común, que si los esposos no se percatan de ello, irán perdiendo la costumbre de dialogar como esposos, y lo harán sólo como padres.

Es necesario prestarle atención a esta posibilidad, de perder la relación como pareja.

Les recomendamos que busquen tiempo, para compartir como esposos siempre que les sea posible: vayan al cine, a cenar, a bailar, etc. Es decir, hagan actividades que les permitan fortalecer, la afectividad, el cariño, el amor entre los dos.
También, podrían compartir con amigos casados y/o familiares, en algunas ocasiones.

Recuerden, que con el tiempo, si El Señor, nuestro Dios, les concede una larga vida, es posible que se encuentren solos de nuevo. Los hijos se habrán marchados del hogar, para formar sus propias familias.

Si no se ocuparon de mantener la relación como pareja, se correrá el peligro de no tener temas de conversación entre los dos.

Ustedes comenzaron solos y así podrán terminar.

Por tanto, mantengan vivas, aún con los hijos presentes, la relación como esposos, amigos, compañeros, etc.

Manifiéstense continuamente, las expresiones de cariños, de ternuras, de amor, que los llevó al noviazgo y luego al matrimonio.

Esto vale la pena, se los digo por experiencia.

Deseo concluir este capítulo, con las exhortaciones a las familias del Santo Padre, Benedicto XVI:

"Queridas familias, ¡sed valientes!, no cedáis a esa mentalidad secularizada que propone la convivencia como preparatoria o incluso sustitutiva del matrimonio.

Es bien sabido que la Familia Cristiana es un signo especial de la presencia y del amor de Cristo, y que esta llamada a dar una contribución especifica e insustituible a la evangelización.

La familia cristiana ha sido siempre la primera vía de transmisión de la fe, y también hoy tiene grandes posibilidades para la evangelización en múltiples ámbitos. Queridos Padres, esforzaos siempre en enseñar a rezar a vuestros hijos, y rezad con ellos; acercarlos a los sacramentos, especialmente a la Eucaristía, introducirlos en la vida de la Iglesia; no tengáis miedo de leer las Sagradas Escrituras en la intimidad domesticas; iluminando la vida Familiar con la luz de la fe y alabando a Dios como Padre.

Sed como un pequeño cenáculo, como aquel de María y los discípulos, en el que se vive la unidad, la comunión, la oración" (*Ciudad del Vaticano, 5 junio 2011. Primer encuentro Nacional del las Familia Católicas Croatas. SSBenedicto XVI "Familia Cristiana. Llamado a la Evangelización.*)

Capítulo IVf. ABIERTOS A LA VIDA

A pesar que Elena y yo habíamos planeado, que la familia ideal para nosotros, estaba compuesta de 4 hijos y nosotros dos; por nuestra condición de católicos, estábamos abiertos a la vida. Es decir, recibiríamos con agrado, los hijos que el Señor nos quisiese regalar. Les recuerdo que Manuel, nuestro primer hijo, nació en EUA cuando yo estaba estudiando, para la maestría y doctorado, en la Universidad de Carolina del Norte, en el campus de Chapel Hill, en Carolina del Norte.

Por una condición específica, cada ser humano tiene, un factor Rh en la sangre, que puede ser positivo (+) o negativo (-).

Así, hablamos de que yo soy Rh +, o de que Elena es Rh-.

Bueno, pues la realidad es esa: Elena tiene un Rh negativo y yo un Rh positivo.

Desconocíamos eso, hasta el primer embarazo de Elena.

Nos dijo el doctor que atendía a Elena, en el hospital de la Universidad, que esa diferencia de Rh entre nosotros dos, podía tener consecuencias negativas, para Elena y la criatura que naciera.

Imagínense ustedes: Elena tenía 20 años de edad y yo 26; estábamos en un país extraño, EUA, nosotros éramos dominicanos; Elena no había aprendido Inglés, y yo estaba en mi primer semestre de la carrera.

Estábamos solos: sin familiares, ni amigos.

En esas circunstancias, el Señor nos envía a Manuel, nuestro primer querido hijo.

Al poco tiempo de Manuel haber nacido, Elena comenzó a amamantarlo.

A los 2 días notamos, y así se lo informamos al doctor, que la piel de Manuel se estaba poniendo amarilla.

Comenzaron a investigarlo, y no encontraban la causa de ello. En un momento del proceso, me informan en el hospital, que debía firmar una autorización, para hacerle una transfusión de sangre a Manuel, en caso necesario.

No tuve otra alternativa, así que firmé ese papel.

En todo ese tiempo, Elena y yo no cesábamos de orarles al Señor y a la Madre Santa, presentándoles la situación que estábamos viviendo. La oración dio resultado, y El Señor iluminó al doctor que atendía al niño.

Él le pidió a Elena, que no siguiese dándole su leche a Manuel.

Después que Elena dejó de amamantarlo, el color amarillo desapareció de la piel de Manuel.

Los médicos se dieron cuenta, entonces, que la leche de Elena estaba produciendo, una reacción negativa en Manuel.

¡Gracias a Dios, esa situación fue superada!!

El médico nos explicó, que después de cada parto, Elena tenia que ponerse una inyección, para evitar problemas en un futuro embarazo. Así se hizo.

Luego de regresar a la República Dominicana, Elena salió embarazada por segunda vez, y nació nuestra primera hija: Jennifer.

Teníamos la parejita: varón y hembra.

Se hizo el mismo proceso, y Elena fue inyectada de nuevo.

Deseo aclarar, que debido a lo que le pasó a Manuel, con la leche de Elena, decidimos que ella no amamantaría a ningún otro hijo, por el posible peligro que existía.

Todo marchaba bien y éramos muy felices, pero Jennifer se enfermó, y el Señor decidió llevarla de nuevo a su casa celestial, cuando ella tenía 9 meses de nacida.

Elena y yo estamos de acuerdo, en que Jennifer es la primera de nuestra familia en subir al Cielo: ¡Tenemos un angelito que cuida de nosotros!

Eso es verdad, pero el sufrimiento al perder un hijo es tan grande, que no es posible describirlo, especialmente, cuando sucede a tan temprana edad.

Nuestra fe y la oración permanente, fue y es lo único, que nos ha permitido convivir con esa realidad.

Inevitablemente yo asocié, esa perdida de Jennifer, al factor Rh negativo de Elena, y al Rh positivo mío.

También pensé, que lo que le había pasado a Manuel, poco después de haber nacido, se debía a esa misma diferencia de factores Rh, entre nosotros dos.

Tenía un poco de temor, de que futuros hijos, pudiesen estar en peligro también.

La pérdida de nuestra querida hija, nos inclinó, aún más, a la oración.

Elena y yo orábamos continuamente, pidiéndole al Señor, que nos sostuviese, en este período tan fuerte de nuestras vidas.

Después de algún tiempo de la muerte de Jennifer, decidimos poner en las manos de nuestro Dios y de la Virgen Santa, el que Ellos decidieran si nos regalarían más hijos o no.

El Señor y la Santísima Madre, oyeron nuestras oraciones y peticiones; y como para quitarnos las dudas y temores, nos enviaron un par de mellizas: Ivette Marie y Eileen Marie.

¡Qué grande y generoso es el Señor!

¡Qué buena es nuestra Santísima Madre!

El doctor volvió a recordarnos, que Elena no debía continuar teniendo hijos, por el peligro que para ella y el (la) niño(a), representaba la diferencias de Rh entre los dos.

A pesar de estas sugerencias, del médico que atendía a Elena, continuamos buscando más hijos.

Por último, El Señor nos mando a Angie.

¡Teníamos cuatro hijos, tal y cual habíamos planeado!

Cuando nació Angie, yo estaba preocupado por su vida, en razón del factor Rh negativo de Elena.

Este relato, del nacimiento de nuestros hijos, y el hecho de que Elena es Rh negativo y yo Rh positivo, tiene como razón principal, explicarles el gran error, que Elena y yo cometimos por ignorancia.

Queremos destacar este error, para que ninguno de ustedes lo cometan.

Capítulo IVg. EL GRAN ERROR

Después del nacimiento de Angie, el doctor que atendía a Elena durante el embarazo y el parto, nos dijo enfáticamente, refiriéndose a Elena:

"Definitivamente no debe continuar teniendo hijos, el riesgo es muy grande, para tu vida y la del niño o la niña".

El doctor le sugirió a Elena, varias formas, para no salir embarazada.

Una de ellas, era operarla para no tener más hijos.

Elena siempre ha tenido, mucho temor a las operaciones. Por tanto, decidimos, y yo acepté, que se me hiciera una vasectomía.

Esto sucedía en el año 1975.

Cualquiera pudiese pensar que la medicina estaba muy atrasada, pues no tenía una solución, para el caso de madres Rh negativos con padres Rh positivos.

Al decidir escribir este tema, me motivo indagar, qué decía la medicina del año 2011.

Encontré un artículo en el internet, que se refería a este tema.

Para mi sorpresa decía, sólo pondré algunas ideas:

Si la madre es Rh negativo y espera un bebé Rh positivo, al igual que el padre del bebé, su sistema inmunológico que combate los invasores para conservarla sana, reconocerá los glóbulos rojos Rh positivos del bebé, como extraños a la sangre de la madre Rh negativo, y comenzará a producir anticuerpos para destruir los glóbulos rojos del bebé.

Una vez que los anticuerpos comienzan a atacar, pueden disminuir el recuento de glóbulos rojos del bebé, lo que puede provocar ictericia, anemia, retraso mental e insuficiencia cardíaca.

En los casos más severos, también puede ser fatal al útero (durante el embarazo), o poco después del parto.

Todo esto traería como consecuencias, serias complicaciones, que podrían poner en riesgo la vida de su hijo(a), y que serían muy difíciles de tratar y de solucionar.

Luego de 36 años, y si tomamos como referencia el año en que nació Manuel, 1967, es decir, 44 años después; la medicina seguía diciendo lo mismo, que nos dijeron a nosotros en aquel entonces.

Por otra parte, y por ignorancia de los lineamientos, de la Iglesia Católica, en cuanto a evitar a los hijos, cometimos este error.

Voy a explicarlo, no como justificación, sino para que ustedes eviten y ayuden a otros, también, a no cometer el error que nosotros cometimos, en este caso.

A pesar de que Elena y yo veníamos de familias católicas practicantes, desconocíamos las regulaciones de la Iglesia, en cuanto a la Planificación Natural Familiar.

Para nosotros, estar abiertos a la vida, era no abortar. Pero no constituía pecado alguno, el evitar que Elena saliese embarazada, de cualquier forma que fuese.

En los años en que nosotros nos casamos, mediados de 1960, los padres no hablaban de sexo, con sus hijos. Así, ni Elena ni yo, recibimos información, sobre este delicado tema.

El Señor, sabe que decimos la verdad, y nos juzgará según Su Misericordia.

Cuando supimos, lo equivocado que habíamos estado, nos confesamos.
También nos informamos, sobre lo que la Iglesia Católica permitía o aprobaba, como métodos de Planificación Familiar: el Método del Ritmo, y el Método Sintotérmico.

Es muy recomendable, que todas las parejas se familiaricen con estos métodos, antes de casarse.

Si ya están casados, deben informarse también, sobre estos métodos, y elegir el que sea más apropiado, para su realidad.

"La manera de planificar la familia es la Planificación Familiar Natural, no la anticoncepción. Al destruir el poder de dar vida, a través de la anticoncepción, un esposo o esposa está haciendo algo para sí mismo. Esto convierte la atención hacia sí mismo y destruye el don del amor en él o ella. En el amor, el marido y la mujer deben volver la atención el uno al otro. Una vez que el amor verdadero es destruido por la contracepción, el aborto sigue muy fácilmente" (Madre Teresa).

Meses después de haberme enterado de nuestro error, y de conocer los métodos aceptados, por nuestra Santa Madre Iglesia Católica, le pregunté a mi madre: ¿mamá, qué método usaban papá y usted, para la planificación familiar?

Mi mamá me miró con picardía y una gran sonrisa, y me dijo: tu papá quería que yo usara, lo que fuese necesario, para evita salir embarazada, pues teníamos muchos hijos, decía él. Yo le contesté, siempre que abordaba ese tema, "Lo único que estoy dispuesta a hacer, para no salir embarazada, es lo siguiente: cuando tú entres a la habitación, yo salgo de ella," ¡Nada más!

En ese momento yo me reí, de la respuesta y decisión de mi madre.

Pero analizándolo ahora, me doy cuenta que "el método de mi madre", para la planificación familiar, es el que esta totalmente abierto a la vida, y el más seguro para cumplir su objetivo.

El método de mi mamá, es el que más me gusta, ¿y a ustedes?

Se los recomiendo sinceramente.

Capítulo IVh. EL DINERO Y LA FAMILIA

El dinero se ha convertido en el instrumento ideal, para el intercambio de bienes y servicios. Es por tanto, un medio para lograr un fin, pero no es un fin en sí mismo.

Este aspecto debemos tenerlo bien claro, pues la sociedad le ha concedido gran poder, a las personas que tienen mucho dinero.

Como consecuencia de ello, una gran cantidad de gentes, hacen y están dispuestos a hacer, lo que sea necesario, para conseguir y acaparar dinero; sean estas acciones legales o no; morales o no.

El medio no importa, lo que cuenta es el resultado, dicen algunos.

Jesús dice:

"19 No acumulen tesoros en la tierra,..., 20 Acumulen, en cambio, tesoros en el cielo,..., 21 Allí donde esté tu tesoro, estará también tu corazón." (Mt6, 19-21).

Debemos evitar tener nuestro corazón aferrado al dinero.

Es cierto que es necesario, pero sólo Dios es indispensable. Por tanto, en nuestro corazón debe estar Dios en el centro; lo demás, Él nos lo proporcionará como Padre bueno que es.

Otros, llegan a decir: conseguiré dinero, cueste lo que cueste.

Una mentalidad como esta fue, quizás, la que llevó a Judas Iscariote a traicionar y entregar a Jesús, por treinta monedas:

"14 Entonces uno de los Doce, llamado Judas Iscariote, fue a ver a los sumos sacerdotes15 y les dijo: «¿Cuánto me darán si se lo entrego?». Y resolvieron darle treinta monedas de plata" (Mt 26, 14-15).

Muchas personas, acumulan dinero y convierten al dinero en su "dios"; pues consideran que en la sociedad actual, todo lo pueden conseguir con dinero.

¡Cuidado!; es cierto que el dinero es necesario, para cubrir nuestras necesidades, pero debemos obtenerlo honradamente, a través de nuestro trabajo, y ¡nunca! convertirlo en nuestro "Dios".

El amor a otro "dios" que no sea Nuestro Padre Celestial, Jesús, La Trinidad; como el dinero, el poder, el reconocimiento, etc., llevan a uno, y a la sociedad, a la ruina moral y a la perdición.

Esto es lo que esta sucediendo actualmente en el mundo; por habernos apartado de Dios, por haberlo sacado de, prácticamente todas las áreas de nuestras vidas y de nuestras relaciones con los demás.

Si no volvemos a centrar nuestras vidas, y nuestras actividades en Dios y sus mandamientos, de nada nos servirán los adelantos de las ciencias y la tecnología. Caminaremos irremediablemente, hacia la destrucción total.

Tenemos tiempo todavía, ¡pongamos a Dios en el centro, y veremos como todo será distinto y mejor!

Jesús nos previene, para que no tengamos el dinero, como lo más importante de nuestras vidas, cuando nos dice:

"24 Nadie puede servir a dos señores, porque aborrecerá a uno y amará al otro, o bien, se interesará por el primero y menospreciará al segundo. No se puede servir a Dios y al Dinero." (Mt 6, 24).

También nos señala: "es más difícil para un rico entrar al cielo, que a un camello pasar por el ojo de una aguja" (Lc 18, 18-27).

En esta expresión, el Señor nos quiere decir, que el dinero debe utilizarse como lo que es; un medio para facilitar, el intercambio de bienes y servicios; y además, para ayudar a otros a cubrir sus necesidades.

Cuando lo hacemos así, ya seamos ricos o pobres, estaremos caminando, por el camino que conduce a la vida eterna.

En el matrimonio, en la familia, necesitamos dinero para cubrir los gastos del hogar: casa, comida, salud, educación, etc. Y, además, para hacer obras de caridad.

En el hogar, enseñar a los hijos, de palabras y con los hechos, la forma apropiada, de utilizar el dinero que ingresa al hogar.

Explicarles, que la familia debe vivir de acuerdo a su nivel de ingresos.

Estos deben determinar: el tipo de casa que se compre, el carro, las actividades sociales, las vacaciones que se tomen, etc.

Enfatizarles, que no debemos dejarnos guiar por la publicidad consumista, ni por el patrón de conducta de la sociedad.

Estos, salvo contadas excepciones, desean motivarnos a consumir de manera inadecuada: por modas; por competencia, imitando el consumo de otros, etc.

La Palabra de Dios, La Biblia, nos enseña a vivir modestamente, y ayudar a otros, que no tienen recursos suficientes, para cubrir sus necesidades.

Es decir, debemos practicar la caridad con el prójimo.

Destacar en estas explicaciones, que todo lo que tenemos es por gracias de Dios. Por tanto, a Él y a Su Iglesia, le debemos agradecimiento.

Jesús, se refirió miles de veces al dinero.

De sus enseñanzas, podemos concluir, que el dinero en si no es malo, pero si es o puede ser malo, el uso que hagamos de él.

"3 «Felices los que tienen alma de pobres, porque a ellos les pertenece el Reino de los Cielos" (Mt 5, 3).

Es decir, el Reino de Dios llegó a nosotros con Jesús, y a nuestras vidas cuando lo aceptamos a Él.

Sólo los pobres de corazón, los humildes, los que no se dejan cegar por las riquezas materiales, aceptan y viven las enseñanzas de Jesús.

La caridad, es decir, la ayuda que podamos ofrecer, a personas y/o instituciones, para que se llenen o cubran, sus necesidades personales y/o sociales, son estimuladas, por la Santa Madre Iglesia Católica.

Nuestra Santa Iglesia Católica, depende de todos y cada uno, de los que la componemos, de todos sus fieles, para cubrir sus necesidades y para las ayudas de tipo social que ella realiza en todo el mundo.

A pesar de lo importante que es la contribución a la Iglesia, Jesús nos recuerda, lo esencial que es la relación con otros seres humanos, cuando nos presenta la siguiente situación:

"22 Pero yo les digo que todo aquel que se irrita contra su hermano, merece ser condenado por un tribunal. Y todo aquel que lo insulta, merece ser castigado por el Sanedrín. Y el que lo maldice, merece la Gehena de fuego.23 Por lo tanto, si al presentar tu ofrenda en el altar, te acuerdas de que tu hermano tiene alguna queja contra ti, 24 deja tu ofrenda ante el altar, ve a reconciliarte con tu hermano, y sólo entonces vuelve a presentar tu ofrenda." (Mt5, 22-24)

La contribución a la Iglesia, esta relacionada, a la cantidad de dinero que tengamos y/o ganemos con nuestro trabajo.

Es importante, que la contribución a la Iglesia, sea parte de nuestro presupuesto, y no algo que damos de lo que nos sobre.
Jesús, observando las limosnas que daban las personas en el templo, vio a una viuda pobre que entregó unas pocas monedas, y le dijo a sus discípulos:

"Esa viuda fue la que más dio, pues ella entregó todo lo que tenia, pero muchos de los otros, dieron de lo que les sobraba" (Lc 21,1-4)

Tanto, nuestra contribución a la Iglesia, como la ayuda para obras de caridad, deben tener como elemento esencial y común, el amor con que lo hagamos.

San Pablo, en una de sus cartas, nos dice que podemos hacer de todo, pero si no lo hacemos con amor, de nada nos sirve (1 Cor 13,1-3)

Les voy a relatar ahora, dos anécdotas referentes a:

1) Nuestra experiencia al dar la contribución a la Iglesia, y

2) Practicando la caridad con los pobres.

Primera anécdota: al dar nuestra contribución a la iglesia.

En la Iglesia Católica, en la República Dominicana, los fieles contribuyen, libremente cada domingo, la cantidad de dinero que desean, al momento que se realiza la colecta. Por lo general, se hace en efectivo, colocando la donación, en la canasta que circula para esos fines.

Elena y yo contribuíamos, con una cantidad fija, todos los domingos.

Cada cierto tiempo, aumentábamos esa cantidad, y la manteníamos por varios meses. Luego, volvíamos a incrementar la suma donada.

Con el paso del tiempo, note algo que llamó mucho mi atención: la cantidad de dinero que recibíamos en mi hogar, había estado aumentando, de manera continua, cada cierto tiempo.

Yo le dije a Elena: he notado, que mientras mayor es nuestra contribución a la Iglesia, mayor es la cantidad de dinero, que nosotros recibimos.

¡Qué grande es nuestro Dios! No se deja ganar en generosidad.

Segunda anécdota: la práctica de la caridad.

Elena y yo asistíamos a misa, en la Casa de la Anunciación, de Santo Domingo.

En el frente de ese lugar, se colocaban varias personas, para pedir ayuda monetaria a los que llegaban.

Una de ellas, una señora, nunca estaba satisfecha con el dinero que yo le regalaba.

Si habían cinco personas, yo les daba, la misma cantidad a cada una. Todas decían: "Gracias, que Dios lo bendiga", menos ella. Al contrario, sin mirar lo que se le había dado, pedía que le diese más.

En varias ocasiones, yo accedía a su reclamo, y le daba más.

Esto se repitió por varias semanas. Note, que aún dándole a ella hasta el triple, de lo que daba a los otros, esta señora quería más.

Esta actitud, me llegó a molestar tanto, que pensé irme a otra iglesia, para participar de la sagrada eucaristía.

Un día, estando delante del Santísimo Sacramento, en la capilla de Adoración Eucarística, le dije al Señor:

"Padre Santo, estoy cansado de la actitud de esta señora; aunque le estoy dando mucho más que a los demás, nunca esta satisfecha. He pensado, dejar de venir aquí, para no encontrarme con ella."
Al acabar de decir eso, el Señor puso en mi mente lo siguiente: "te gustaría que Yo hiciese lo mismo contigo."

Me sentí totalmente apenado, pues me di cuenta, de todo lo que pedía continuamente a mi Dios, y Él nunca me había rechazado.

Decidí darle a la señora, lo mismo que daba a los demás, y así se lo informé a ella.

Veamos ahora algunas parábolas, que el Señor Jesús relató a sus discípulos, y así entendamos el lugar que debe ocupar el dinero en nuestras vidas.

Primera Parábola. En la que les presenta el caso de un agricultor, que tuvo una gran cosecha, y se dijo a si mismo: construiré unos graneros grandes, almacenaré mi cosecha y me daré una gran vida.

Jesús dijo: ¡necio!, esta misma noche, te reclamarán el alma (Lc 12, 13-20)

Con esta nueva parábola, Jesús nos quiere recordar, que aunque las posesiones materiales son necesarias, lo más importante, y que nunca debemos olvidar, es el estar preparados para la vida eterna, porque no sabemos, cuando nos llegará la llamada, para reportarnos a la Casa de Nuestro Padre Celestial.

Segunda Parábola. La del sembrador. Aquí deseo fijarme sólo en las semillas, que caen entre espinas; aunque estas crecieran, los abrojos las ahogarían.

Jesús nos dice: "le pasa lo mismo, al que cegado por la riqueza, no hace suya la Palabra y la incorpora a su vida, sino que obsesionado y apegado a la riqueza, no da frutos. Es decir, no hace obras de caridad.

Al contrario, vive esclavo de lo que la sociedad le predica, le daría libertad y dominio absoluto de su vida y su entorno, el dinero" (Mt13, 3-23).

Nosotros sabemos, que no es como nos dice la sociedad.

Por eso, nuestra fe, nuestras vidas y la de nuestra familia, esta centrada en Dios.

Seguimos así el mandato del Evangelio:

"Amarás al Señor tu Dios con toda tu mente, con todo el corazón y con todo tu ser." (Lc10, 25-27).

Jesús agrega: "33 Busquen primero el Reino y su justicia, y todo lo demás se les dará por añadidura" (Mt6, 33).

Por lo general, como resultado del aprendizaje y de la sociedad, nos hemos convertido en seres planificadores.

Queremos tener control, de todos los aspectos de nuestras vidas, en todas las circunstancias. Y eso no es malo. Pero perdemos el control de muchas áreas, por egoísmo, envidias, competencias inadecuadas, etc.

Para mostrar los efectos que puede tener, en nuestro presupuesto y en nuestra familia, cuando nos llevamos de los señalamientos, de la sociedad y del mundo, ilustraremos con algunos ejemplos:

1. Tenemos nuestros gastos planificados, en relación a nuestros ingresos; pero el vecino, el amigo, o el compañero de trabajo, se compró un carro Mercedes.

Yo no quiero quedarme atrás, y también compro un carro, similar o más caro.

Mis ingresos, sin embargo, no eran suficientes, para comprar ese tipo de vehículo, y mi presupuesto se va a pique, se desploma.

2. Lo mismo sucede, con la vivienda que adquirimos, para nuestra familia.

Por ese mismo deseo, de tener una casa "mejor" que mi amigo o conocido; adquiero una vivienda, que esta muy por encima, de mis posibilidades económicas; y el presupuesto de la familia se destruye.

3. Algo similar ocurre, con la vida social que llevamos: esta muy por encima de nuestros ingresos. Resultado: desequilibrio del presupuesto.

Cuando actuamos de la forma señalada anteriormente, por lo general tenemos que recortar actividades, áreas, etc. que quizás, eran más prioritarias, que las inversiones realizadas.

Todo esto crea tensión, discusiones y acciones, que afectan seriamente, la relación entre los esposos, los hijos y todos los que componen ese hogar.

Recuerdo, que estando trabajando en un grupo financiero, habían muchas ejecutivos que ganaban menos que yo, pero querían vivir un estándar de vida, por competencia social, muy por encima de sus ingresos.

Como consecuencia de ello, tenían que estar pidiendo prestado, o adelantos de la posible bonificación anual.

Este tipo de conducta provocó, que algunos de ellos, incluso, perdieran sus casas y sus carros.

En el caso de Elena y mío, desde el comienzo, decidimos vivir por debajo, de nuestro nivel de ingreso. El Señor, nos ayudó siempre, a tener ingresos suficientes, para cubrir todas las necesidades de la familia.

Hasta la fecha, 45 años de casados, ¡nunca! nos ha faltado nada necesario en nuestro hogar.

¡Bendito sea Nuestro Padre Celestial!

No nos dejemos arrastrar, por las publicidades consumistas, ni por la envidia, ni por la ostentación.

Recordemos y hagamos nuestra, lo que dijo Jesús a sus discípulos y seguidores: "Ustedes aunque están en el mundo no son del mundo" (Jn 17, 16).

Diciéndonos con esto, que no nos llevemos, de los lineamientos de la sociedad, sino de los lineamientos, que Él nos dejó en las Sagradas Escrituras, y que la Santa Madre Iglesia, nos enseña a practicar.

Es importantísimo tener presente, que el dinero puede ser, un elemento de división en el hogar, y especialmente entre los esposos.

Si uno de los dos quiere controlar, sobre todo de manera autoritaria, el uso que se haga del dinero que posean, y no da participación, ni libertad al otro, para que también haga uso del mismo; se puede producir una situación tal, que afecte todos los aspectos, de la relación matrimonial.

Lo mismo puede suceder, si tienen cada uno una cuenta separada, de los recursos monetarios que poseen.

Para mí, esta última situación, cuentas separadas, me indica que en la mente, de por lo menos, uno de los dos, existe la posibilidad de que el matrimonio pueda terminar, en algún momento del futuro.

Si este es su caso, revisen su relación y fortalezcan la confianza entre los dos. Pongan de nuevo su relación, bajo el cuidado amoroso de Jesús y de la Santísima virgen María. Ellos les podrán ayudar siempre.

Les presentamos algunas ideas prácticas, que a mi familia, han dado excelentes resultados:

1) Elena y yo tenemos todo lo que poseemos en común: dinero, casa, carros, tarjetas de crédito, etc.

Nunca hemos tenido nada material, a nombre de uno de los dos.

Eso si, hemos dialogado, abundantemente, de la responsabilidad al usarlo: qué cantidad de recursos tenemos disponibles, cuales son las necesidades, y las prioridades en ellas, etc.

En caso de dudas, consultar con el otro.

Teniendo claro esto, podemos hacer uso, libremente, de los bienes que generosamente, nos ha proporcionado nuestro Dios, en todos estos años de unión matrimonial.

2) En general, vivir un nivel de vida, que pueda ser cubierto, con los ingresos normales de la familia.

3) Tener una o al máximo 2 tarjetas de Crédito.

Aunque las tarjetas de crédito, facilitan mucho los pagos, y hacen más cómodo el efectuar transacciones; no es menos cierto, que es el dinero que más paga intereses.

Algunos emisores de tarjetas de créditos, están cobrando en la actualidad, hasta 29.99% de interés anual.

Para que puedan apreciar, lo caro que son estas tasas de interés, que cobran las tarjetas de crédito, les informo, que los bancos están pagando $0.30% de interés anual, en Certificados de Depósito.

Estamos diciendo esto, en Marzo de 2012.

Por eso, nuestra norma es liquidar mensualmente, el total del balance en la tarjeta de crédito, a la fecha de corte.

De esta manera, utilizamos el dinero del emisor de la tarjeta, en promedio por un mes, sin pagar intereses o gastos administrativos.

4) Mantener las relaciones y actividades sociales, a nivel manejable, con nuestro nivel de ingresos.

Conocemos familias, que para irse de vacaciones, o celebrar los 15 años a su hija, toman dinero prestado.

Algunos hasta han hipotecado su casa.

¡No, por favor! No hagas eso jamás.

Otros, se relacionan con amigos, de un nivel más alto de ingreso, y eso no es malo.

Nosotros tenemos amigos, de todos los estratos sociales.

El problema se presenta, cuando queremos imitar el estándar de vida, de uno de esos amigos; o cuando surge una situación, en la que es apropiado, hacerle un regalo, al amigo que tiene mucho dinero.

Algunos lo hacen, de tal precio, que desequilibran el presupuesto familiar.

En definitiva, es importantísimo que tu casa, tu(s) carro(s), tus joyas, etc. estén acordes a tu nivel de ingresos.

Disfruta sanamente, lo que el Señor te regala. No envidies lo que los otros tienen.

Hay un refrán que se repetía mucho en mi juventud: "El hombre más feliz del mundo no tenía camisa".

"Cuanto menos poseemos, más podemos dar. Parece imposible, pero no lo es. Esa es la lógica del amor" Madre Teresa.

La felicidad, no la compra el dinero, la logras con la actitud que tengas ante la vida, y en tener fija tu mirada, en la meta final: la gloria eterna.

Jesús nos dice: "27 Trabajen, no por el alimento perecedero, sino por el que permanece hasta la Vida eterna," (Jn 6, 27).

Recuerden, que somos ciudadanos del cielo, y vivimos temporalmente en la tierra.

"11 Ya no estoy más en el mundo, pero ellos están en él; y yo vuelvo a ti. Padre santo,..15 No te pido que los saques del mundo, sino que los preserves del Maligno.16 Ellos no son del mundo, como tampoco yo soy del mundo." (Jn 17, 11. 15-16).

Algo que es muy cierto es que, la generosidad con que tratemos a los demás, será un factor importante, en el grado de satisfacción que tendremos en esta vida.

Dios es tan bueno, que nos da la gracia, de recibir una felicidad más grande, al hacer una obra de caridad; que al recibir un regalo.

Yo he comprobado, la certeza de esta afirmación, muchas veces a lo largo de mi vida.

¿A quién debemos ayudar? Al que necesita de nuestra ayuda, independientemente de que sea familia o no.

El Señor Jesús nos ilustra esto, en la parábola del Buen Samaritano, que vimos anteriormente.

Sin embargo, les sugiero que la lean de nuevo. (Lc 10, 29-37).

Pero es muy importante recordar, que al practicar la caridad con alguien, debemos hacerlo con y por amor.

Capítulo IVi. LA ORACIÓN EN FAMILIA

Lo más importante para la familia, y para cada uno de los que la componen, es la vida de oración.

La oración es un diálogo entre Dios y el hombre. Es la elevación del alma a Dios, por tanto, debe hacerse con mucha humildad.

San Ambrosio nos dice, que para que el diálogo se realice, luego de orar, debemos leer Las Sagradas Escrituras: a Dios hablamos cuando oramos, a Dios escuchamos cuando leemos sus palabras. (CIC # 2653)

La oración puede ser: de petición, de intercesión, de acción de gracias, de alabanzas, etc. (CIC #s 2629 a 2643)

Todo lo que hemos tratado hasta aquí, en este libro, es de gran ayuda para el desenvolvimiento de la familia. Pero nada, nada, puede reemplazar la oración. Esa necesaria, útil y agradable relación, de todos y cada uno con Dios.

El éxito, la armonía, la paz y la satisfacción en el hogar, estará directamente ligada a la vida de oración, familiar e individual, de los componentes de ese hogar.

Nuestro hogar, ha funcionado muy satisfactoriamente, desde el inicio.

Elena y yo, atribuimos esto, a la vida constante de oración familiar y particular, que hemos vivido siempre.

Nosotros creemos, que si construimos nuestra casa, nuestro hogar, nuestras vidas, sobre la roca firme que es Jesús, tendremos la garantía absoluta, de que seremos exitosos, en cada una de las áreas de nuestra existencia.

"24 Así, todo el que escucha las palabras que acabo de decir y las pone en práctica, puede compararse a un hombre sensato que edificó su casa sobre roca.25 Cayeron las lluvias, se precipitaron los torrentes, soplaron los vientos y sacudieron la casa; pero esta no se derrumbó porque estaba construida sobre roca.26 Al contrario, el que escucha mis palabras y no las practica, puede compararse a un hombre insensato, que edificó su casa sobre arena».27 Cayeron las lluvias, se precipitaron los torrentes, soplaron los vientos y sacudieron la casa: esta se derrumbó, y su ruina fue grande»." (Mt 7, 24-27).

En estos versículos del Evangelio de San Mateo, Jesús nos explica, lo que significa construir sobre roca: es escuchar sus palabras, sus enseñanzas, y ponerlas en práctica.

Es fundamentalmente, creer en Jesús y creerle a Él. En otras palabras, es amarle y vivir de acuerdo, a sus enseñanzas y sus mandatos.

"15 Si ustedes me aman, cumplirán mis mandamientos.21 Él que recibe mis mandamientos y los cumple, ese es el que me ama; y el que me ama será amado por mi Padre, y yo lo amaré y me manifestaré a él." (Jn 14,15.21).

"5 Yo soy la vid, ustedes los sarmientos. Él que permanece en mí, y yo en él, da mucho fruto, porque separados de mí, nada pueden hacer. 7 Si ustedes permanecen en mí y mis palabras permanecen en ustedes, pidan lo que quieran y lo obtendrán.8 La gloria de mi Padre consiste en que ustedes den fruto abundante, y así sean mis discípulos.9 Como el Padre me amó, también yo los he amado a ustedes. Permanezcan en mi amor.10 Si cumplen mis mandamientos, permanecerán en mi amor. Como yo cumplí los mandamientos de mi Padre y permanezco en su amor." (Jn 15, 5. 7- 10).

Sólo si obedecemos los mandamientos de Jesús, permaneceremos en Su Amor, y estaremos edificando nuestras vidas en ÉL.

Y ¿cuáles son esos mandamientos?

Están contenidos en toda Las Sagradas Escrituras, en especial, en el Nuevo Testamento.

Como ilustración, nos referiremos a algunos de ellos.

a) **"Amarás a tu prójimo como a ti mismo"** (Mt 22, 39).

Y ¿quién es nuestro prójimo?

La persona que esté necesitada, que requiera nuestra ayuda.

Jesús nos ilustró, quien era nuestro prójimo, con la parábola del buen samaritano (Lc 10, 29-37).

En ese mandato, de amar al prójimo como a uno mismo, el punto de referencia, el modelo a usar para amar a otro, éramos nosotros mismos.

Después de haber pasado un tiempo con sus discípulos, y de haber convivido un tiempo, con la gente de su época; Jesús se dio cuenta, que no sabíamos amarnos bien, a nosotros mismos.

Jesús, entonces, cambio el modelo que debíamos ver, cuando expresáramos nuestro amor a otras personas. El modelo ahora no somos nosotros sino Jesús; por eso nos dijo:

b) Ámense unos a otros como yo los he amado.

"34 Les doy un mandamiento nuevo: ámense los unos a los otros. Así como yo los he amado, ámense también ustedes los unos a los otros.35 En esto todos reconocerán que ustedes son mis discípulos: en el amor que se tengan los unos a los otros." (Jn 13, 34-35)

La referencia, para medir nuestro amor hacia los demás, es Jesús. Debemos amar como Jesús

Y, ¿cómo nos amó Jesús? Él nos amó, con todo su ser, llegando incluso, a dar su vida por nosotros.

c) Trabajen por la comida que permanece, y que les da la vida eterna.

"27 Trabajen, no por el alimento perecedero, sino por el que permanece hasta la Vida eterna, el que les dará el Hijo del hombre; porque es él a quien Dios, el Padre, marcó con su sello»" (Jn 6, 27).

Es cierto, que debemos procurar satisfacer, todas las necesidades materiales de nuestra familia; pero debemos poner mayor interés, en lograr, que todos estén preparados, para la vida eterna.

Esto lo podremos conseguir con oración constante, practicas frecuentes de los sacramentos de: penitencia (confesión), y de la eucaristía.

Es importante, que todos los miembros de la familia, participen de la vida sacramental.

Debemos señalar aquí, que todos nuestros hijos recibieron, en el momento correspondiente, los sacramentos de iniciación cristiana: Bautismo, Confirmación y Eucaristía

También nos puede servir, en la preparación para la vida eterna, el practicar la caridad, con todos aquellos que podamos ayudar.

La oración permanente es buena, pero si no ponemos en práctica, lo que aprendemos de Jesús, no habrá coherencia, entre nuestra palabra y nuestra vida práctica.

El apóstol Santiago, nos lo ilustra con mucha claridad, él nos dice:

"17 Lo mismo pasa con la fe: si no va acompañada de las obras, está completamente muerta.18 Sin embargo, alguien puede objetar: «Uno tiene la fe y otro, las obras». A ese habría que responderle: «Muéstrame, si puedes, tu fe sin las obras. Yo, en cambio, por medio de las obras, te demostraré mi fe»" (Stgo 2, 17-18).

d) Nosotros todos, al hablar de nuestra fe, decimos con mucho convencimiento: yo amo mucho a Dios.

Esto puede ser verdad, pero ¿cómo le manifestamos a Dios, nuestro amor por Él?

Una gran amiga de mi familia, Chelo, nos contó, que estando en oración, ella le dijo a Jesús: yo quiero mostrate mi amor por Ti.

Jesús le dijo: "si quieres amarme, amas a un hermano, si quieres abrazarme, abrazas a un hermano."

De la única forma que podrás mostrarme, el amor que me tienes, mientras estés en la tierra, es a través de tus hermanos, no hay otra manera.

Ya lo sabes, muéstrale tu amor a Jesús, por medio de todas las personas, con las cuales tú te relacionas.

¡Ámalos, como tú amarías a Jesús!

e) En la vida, ya sea en el ambiente familiar, o en cualquier otro grupo humano, las personas andamos buscando ocupar las mejores posiciones, los mejores puestos, etc.

No es así como piensa Jesús. Él desea mostrarnos, que la "importancia" se obtiene, por el servicio desinteresado a los demás.

En una ocasión, los discípulos discutían sobre quién era el más grande entre ellos.

Jesús, aprovecho el momento para decirles:

"43 Entre ustedes no debe suceder así. Al contrario, el que quiera ser grande, que se haga servidor de ustedes; 44 y el que quiera ser el primero, que se haga servidor de todos." 45 Porque el mismo Hijo del hombre no vino para ser servido, sino para servir y dar su vida en rescate por una multitud" (Mc 10, 43-45).

En el caso de Elena y mío, cuando decimos que el éxito de nuestra familia, se debe, a que edificamos nuestra casa, nuestro hogar, nuestras vidas, sobre la roca firme que es Jesús, queremos decir, que hemos tratado de vivir de acuerdo a sus enseñanzas.

La oración ha estado, siempre, presente en nuestra familia.

Rezamos todos los días, el Santo Rosario de la Virgen, y la Coronilla de la Divina Misericordia.

Además, desde hace unos 17 años, tenemos, en nuestro hogar, un grupo de oración, abierto a todos los que desean participar. Nos reunimos, todos los viernes a las 8:30 PM.

¡Cuántas bendiciones han derramado, Jesús, y la Santísima Virgen, sobre nuestro hogar, y sobre los hogares de las personas que han participado, junto a nosotros, en ese Santo Rosario!

Leemos, todos los días, algún pasaje de La Santa Biblia.

Elena y yo, participamos diariamente de la celebración eucarística: La Santa Misa.

Recibimos así, el cuerpo y la sangre de Jesús, todos los días.

¡Qué gran honor!

Participamos, de manera frecuente, del Sacramento de la Penitencia, la Confesión.

Nuestros hijos, ya adultos, participan como colaboradores, de grupos que ofrecen cursos, para personas mayores de 18 años: de castidad, de parejas y para matrimonios.

Practicamos la caridad de muchas maneras, pero aquí, seguimos los consejos de Jesús:

"2 Por lo tanto, cuando des limosna, no lo vayas pregonando delante de ti, como hacen los hipócritas en las sinagogas y en las calles, para ser honrados por los hombres. Les aseguro que ellos ya tienen su recompensa.3 Cuando tú des limosna, que tu mano izquierda ignore lo que hace la derecha" (Mt 6, 2-3).

Un aspecto, que Jesús nos señala, y quizás uno de los más difíciles de practicar, es el de perdonar a aquellos, que nos ofenden, engañan, traicionan, nos humillan, etc.

Él nos dice, que no sólo lo debemos perdonar hasta 70 veces 7, es decir, siempre, sino que debemos ayudarlos y amarlos. Sí, debemos amar hasta nuestros enemigos.

¿Qué mérito tienen si aman sólo a sus amigos, a quienes los quieren a ustedes? Eso también lo hacen los publicanos que no tienen fe. No, deben amar también, a sus enemigos.

"44 Pero yo les digo: Amen a sus enemigos, rueguen por sus perseguidores; 45 así serán hijos del Padre que está en el cielo, porque él hace salir el sol sobre malos y buenos y hace caer la lluvia sobre justos e injustos. 46 Si ustedes aman solamente a quienes los aman, ¿qué recompensa merecen? ¿No hacen lo mismo los publicanos?"(Mt 5, 45-46).

Podemos decir, de manera general, que estamos tratando, conscientemente, de estar siempre preparados, para cuando el Padre nos llame a la morada eterna.

Hemos predicado a nuestros hijos, de palabras y con el ejemplo personal, la manera de practicar y vivir nuestra fe al máximo.

De esta manera, hemos querido, que ellos aprendan, que debe haber coherencia, entre lo que decimos y hacemos.

Deseo recomendarles, muy encarecidamente, que consagren sus hogares y familias a los Dos Corazones de Jesús y María.

Recordemos los ataques que tiene nuestra Santa Madre Iglesia, y las decisiones de gobernantes y políticos de prohibir las prácticas religiosas, sobre todo las cristianas, en las escuelas y lugares públicos. Son tiempos muy difíciles para los católicos.

¡Mantengámonos firmes en la práctica de nuestra fe!

Estemos seguros, que el Señor Jesucristo y La Madre Santísima nos protegerán siempre.

El ahora Beato, Juan Pablo II, nos dijo:

"Es muy apropiado en estos tiempos, buscar una mayor profundización y conciencia de la intima relación que existe entre los Dos Corazones y el valor que tiene para nuestros días, una autentica devoción y consagración a los Corazones de Jesús y María" (SS Juan Pablo II, 23 de Noviembre de 1987).

Las bendiciones sobre nuestro hogar han sido tantas y tan abundantes, que sólo podemos decir:

¡GRACIAS, PADRE AMADO!

¡GRACIAS, JESÚS, MI SEÑOR Y SALVADOR!

¡GRACIAS, ESPIRITU SANTO DE DIOS!

¡GRACIAS, MADRE SANTÍSIMA!

¡MUCHISIMAS GRACIAS!

CONCLUSIÓN

Mi deseo, al escribir este libro, era y es, el de darles algunas ideas, que puedan hacer su matrimonio, ese compromiso para toda la vida, una experiencia no sólo agradable, sino gozosa y feliz.

Para que eso sea una realidad, es necesario, que cada uno de los integrantes de esa familia: esposa, esposo e hijos, aporten lo mejor de sí, para el bien y la felicidad, de cada uno de los demás componentes del hogar.

Esa colaboración, para el bien de los demás, debemos hacerla con verdadero amor.

Es bueno recordar aquí, lo que nos dice San Pablo, en su carta a los corintios:

Puedo hacer todos los sacrificios, dar todo lo que poseo, y aún entregar mi propio cuerpo, si no lo hago por amor, de nada me sirve, y agrega:

"4 El amor es paciente, es servicial; el amor no es envidioso, no hace alarde, no se envanece, 5 no procede con bajeza, no busca su propio interés, no se irrita, no tienen en cuenta el mal recibido, 6 no se alegra de la injusticia, sino que se regocija con la verdad.7 El amor todo lo disculpa, todo lo cree, todo lo espera, todo lo soporta" (1Cor 13, 4- 7).

La familia más sana, alegre, realizada y fructífera, sólo se logra, cuando cada uno se pregunta: ¿son felices los que viven conmigo?; ¿qué debo hacer o cambiar, para que eso sea una realidad en mi hogar?

Quiero enfatizar al máximo, el siguiente comentario:

A pesar de que creamos, el ambiente ideal en nuestro hogar, para cada uno de los miembros que lo integran, no nos sintamos desilusionados, o fracasados, si algunos de nuestros hijos, luego de alcanzar la mayoría de edad, muestran un comportamiento, reñido con lo que se les enseñó, y vivieron por tantos años, en el seno de la familia.

Les recuerdo todos los factores sociales, culturales, e intrínsecos a la persona, que afectarán a cada uno, durante toda la vida.

La oración en familia, y de cada uno en particular, de manera regular y permanente, es la garantía segura y única, de lograr el hogar ideal: sólido económicamente, alegre y saludable.

Un hogar que sea capaz de crear el ambiente, que promoverá personas felices y equilibradas, que contribuirán, positivamente, a la sociedad en las que les toque vivir; y al mundo en general.

Dejé para esta parte del libro la siguiente reflexión, pues deseo que se quede gravada en lo más profundo de nosotros. Que moldee todas nuestras acciones e inacciones. Que afecte nuestros pensamientos y nuestras prioridades.

Que nos ayude a establecer la meta, el objetivo principal y último: obtener la corona de Gloria, con la que nos espera el Señor, al final de nuestra vida terrenal.

La reflexión es la siguiente: "Todos los integrantes del hogar tienen que comprender, que aunque debemos ocuparnos, de satisfacer nuestras necesidades temporales; nuestros esfuerzos deben estar centrados en lograr que todos y cada uno de los miembros de nuestra familia, tengan como objetivo prioritario: obtener la vida eterna."

Recordemos lo que nos dice el apóstol Santiago: (lo vimos anteriormente, pero vale la pena repetirlo):

"17 Lo mismo pasa con la fe: si no va acompañada de las obras, está completamente muerta.18 Sin embargo, alguien puede objetar: «Uno tiene la fe y otro, las obras». A ese habría que responderle: «Muéstrame, si puedes, tu fe sin las obras. Yo, en cambio, por medio de las obras, te demostraré mi fe»" (Stgo 2, 17-18).

Yo he llegado a la conclusión, que vinimos a este mundo, con un sólo propósito: aprender a amar de manera incondicional, como nos ama Dios.

Que la participación frecuente de los sacramentos de Confesión y Eucaristía, la adoración al Santísimo, la lectura regular de La Palabra de Dios, la práctica continua del Santísimo Rosario, etc., son las formas que nos ha dejado Jesús, para vivir nuestra fe a plenitud. Para poner nuestra fe en acción, para que haya coherencia entre lo que decimos y hacemos.

Al final de nuestras vidas terrenas, seremos examinados en una sola materia: el amor, y dentro de esta, en un solo tópico: la caridad.

El Señor nos dice:

"31 Cuando el Hijo del hombre venga en su gloria rodeado de todos los ángeles, se sentará en su trono glorioso.32 Todas las naciones serán reunidas en su presencia, y él separará a unos de otros, como el pastor separa las ovejas de los cabritos,33 y pondrá a aquellas a su derecha y a estos a su izquierda.34 Entonces el Rey dirá a los que tenga a su derecha: "Vengan, benditos de mi Padre, y reciban en herencia el Reino que les fue preparado desde el comienzo del mundo,35 porque tuve hambre, y ustedes me dieron de comer; tuve sed, y me dieron de beber; estaba de paso, y me alojaron;36 desnudo, y me vistieron; enfermo, y me visitaron; preso, y me vinieron a ver".37 Los justos le responderán: "Señor, ¿cuándo te vimos hambriento, y te dimos de comer; sediento, y te dimos de beber?38 ¿cuándo te vimos de paso, y te alojamos; desnudo, y te vestimos?39 ¿cuándo te vimos enfermo o preso, y fuimos a verte?".40 Y el Rey les responderá: "Les aseguro que cada vez que lo hicieron con el más pequeño de mis hermanos, lo hicieron conmigo".41 Luego dirá a los de su izquierda: "Aléjense de mí, malditos; vayan al fuego eterno que fue preparado para el demonio y sus ángeles,42 porque tuve hambre, y ustedes no me dieron de comer; tuve sed, y no me dieron de beber;43 estaba de paso, y no me alojaron; desnudo, y no me vistieron; enfermo y preso, y no me visitaron".44 Estos, a su vez, le preguntarán: "Señor, ¿cuándo te vimos hambriento o sediento, de paso o desnudo, enfermo o preso, y no te hemos socorrido?".45 Y él les responderá: "Les aseguro que cada vez que no lo hicieron con el más pequeño de mis hermanos, tampoco lo hicieron conmigo".46 Estos irán al castigo eterno, y los justos a la Vida eterna" (Mt 25, 31-46).

Recuerden, todo lo que hagamos, hacerlo siempre, como si sólo dependiese de nuestras capacidades y actividades; pero con tal fe y confianza, como si sólo dependiese de Dios.

Hacer nosotros todo lo que podamos, y confiar plenamente en Dios, debe ser nuestro lema de vida.

Deseo concluir este libro con la oración por la familia, pronunciada por el Santo Padre Benedicto XVI:

"Oh, Dios, que en la Sagrada Familia nos dejaste un modelo perfecto de vida familiar vivida en la fe y la obediencia a tu voluntad.

Ayudanos a ser ejemplo de Fe y amor a tus mandamientos.

Socórrenos en nuestra misión de transmitir la fe a nuestros hijos.

Abre su corazón para que crezca en ellos la semilla de la fe que recibieron en el Bautismo.

Fortalece la fe de nuestros jóvenes para que crezcan en el conocimiento de Jesús.

Aumenta el amor y la fidelidad en todos los matrimonios, especialmente aquellos que pasan por momentos de sufrimiento o dificultad.

Unidos a José y María, Te lo pedimos por Jesucristo tu Hijo, nuestro Señor, Amen." (Oración por la familia rezada por Su Santidad Benedicto XVI en el V Encuentro Mundial de la Familia, *Ciudad de las Artes y las Ciencias, Valencia, España. Sábado 8 de julio de 2006*).

De mi parte pido bendiciones: a nuestro Señor Jesucristo, Dios y Salvador nuestro; a la Santísima Virgen María, nuestra Madre Celestial y a nuestro amado San José, para cada uno de ustedes y sus familias.

BIBLIOGRAFÍA

1. EL LIBRO DEL PUEBLO DE DIOS, LA BIBLIA, TRADUCCIÓN ARGENTINA, 1990.

2. CATECISMO DE LA IGLESIA CATÓLICA.

3. TEOLOGÍA DEL CUERPO: AUDIENCIAS GENERALES DE SU SANTIDAD, EL BEATO JUAN PABLO II, DEL 5 DE SEPTIEMBRE DE 1979 AL 28 DE NOVIEMBRE DE 1984.

ÍNDICE

www.ingramcontent.com/pod-product-compliance
Lightning Source LLC
Chambersburg PA
CBHW020857090426
42736CB00008B/404